中国注册会计师
继续教育审计案例

（第五辑）

中国注册会计师协会　编

中国财经出版传媒集团
中国财政经济出版社

图书在版编目（CIP）数据

中国注册会计师继续教育审计案例.第5辑/中国注册会计师协会编.--北京：中国财政经济出版社，2020.5
ISBN 978-7-5095-9764-4

Ⅰ.①中… Ⅱ.①中… Ⅲ.①会计师-审计-案例-继续教育-教学参考资料 Ⅳ.①F239.22

中国版本图书馆CIP数据核字（2020）第065372号

责任编辑：张若丹　　　　责任校对：张　凡
封面设计：王　颖　　　　责任印制：党　辉

中国注册会计师继续教育审计案例（第五辑）
ZHONGGUO ZHUCEKUAIJISHI JIXUJIAOYU SHENJI ANLI（DIWUJI）

中国财政经济出版社 出版

URL：http：//www.cfeph.cn
E-mail：cfeph@cfemg.cn

（版权所有　翻印必究）

社址：北京市海淀区阜成路甲28号　邮政编码：100142
营销中心电话：010-88191522
天猫网店：中国财政经济出版社旗舰店
网址：https：//zgczjjcbs.tmall.com
北京中兴印刷有限公司印刷　各地新华书店经销
成品尺寸：175mm×250mm　16开　12.25印张　201 000字
2020年12月第1版　2020年12月北京第1次印刷
定价：32.00元
ISBN 978-7-5095-9764-4
（图书出现印装问题，本社负责调换，电话：010-88190548）
本社图书质量投诉电话：010-88190744
打击盗版举报热线：010-88191661　　QQ：2242791300

前　言

为了切实满足注册会计师继续教育和行业从业人员审计实务学习的迫切需要，提高注册会计师分析、解决实际问题的能力，中国注册会计师协会（以下简称中注协）自2009年开始编辑出版第一辑审计案例，共出版4辑，通过拓展案例开发思路、优化案例整体布局、增加案例信息含量等举措，不断提高案例的针对性，对会计师事务所的执业质量起到了一定的示范和引导作用。

注册会计师行业在维护社会主义市场经济秩序，尤其是资本市场秩序等方面发挥着重要作用。近年来，在行政监管、行业自律和社会监督的共同作用下，注册会计师的独立性不断增强，执业能力和服务水平稳步提高。但是，受外部环境和行业自身发展等因素影响，企业（特别是上市公司）财务欺诈、虚假信息披露仍时有发生，注册会计师在审计工作中存在未严格执行审计准则，甚至违规执业等情形。

为全面落实财政部关于提升会计师事务所审计质量的要求，中注协总结以往审计案例编辑经验，委托普华永道中天会计师事务所（特殊普通合伙）对近年从事证券服务业务会计师事务所执业质量检查中积累的相关材料进行系统梳理和全面提炼，针对会计师事务所及注册会计师执业过程中存在的重大缺陷领域，梳理出7个典型案例，旨在帮助注册会计师恰当理解和运用审计准则，促进会计师事务所提高审计质量，有效维护投资者和社会公众合法权益。

本辑案例涉及注册会计师在执业过程中存在突出问题的领域，包括重要性、职业怀疑、持续经营、销售收入、股权转让交易、政府补助和集团财务报表审计。每个案例包括3个部分：一是该领域的特点和特性；二是审计准则对与该领域有关的审计程序的要求及特殊考虑；三是具体案例分析，包括注册会计师针对该领域实施的审计程序以及对具体案例中存在问题的思考。本辑案例不再区分学员手册和教师手册。

本案例集可为会计师事务所和注册会计师严格执行准则和有效防范风险提供帮助与借鉴，可作为注册会计师继续教育的参考教材，也可为高校的注册会计师专业教学提供更为丰富和鲜活的实务案例。

本辑案例的编写工作得到了有关会计师事务所和专家学者的积极参与和大力支持，在此深表谢意！

中国注册会计师协会
2020年12月

目 录

第一章　案例分析中的常见问题 …………………………………（ 1 ）
第二章　重要性水平的案例分析 …………………………………（ 12 ）
第三章　在审计过程中保持职业怀疑 ……………………………（ 26 ）
第四章　持续经营的案例分析 ……………………………………（ 41 ）
第五章　销售收入的案例分析 ……………………………………（ 68 ）
第六章　股权转让交易案例分析 …………………………………（ 93 ）
第七章　政府补助的案例分析 ……………………………………（119）
第八章　集团财务报表案例分析 …………………………………（139）
附　录 ………………………………………………………………（159）
　　中国注册会计师协会关于印发《关于加强从事证券服务业务
　　　　会计师事务所执业质量自律监管的意见》的通知 ………（159）
　　上市公司2019年年报审计情况分析报告 ……………………（170）
后　记 ………………………………………………………………（189）

第一章 案例分析中的常见问题

一、重要性水平

(一) 重要性水平的设定

《中国注册会计师审计准则第 1221 号——计划和执行审计工作时的重要性》应用指南中，在确定财务报表整体的重要性时对基准的运用，建议如下："适当的基准取决于被审计单位的具体情况，包括各类报告收益（如税前利润、营业收入、毛利和费用总额），以及所有者权益或净资产。对于以营利为目的的实体，通常以经常性业务的税前利润作为基准。如果经常性业务的税前利润不稳定，选用其他基准可能更加合适，如毛利或营业收入。"

重要性水平的运用对于指导并规范注册会计师的审计工作，评价注册会计师识别出的错报对于审计的影响以及未更正错报对于财务报表的影响，起到非常关键的作用。在设定重要性水平时，注册会计师的职业判断是非常重要的审计证据。

重要性水平设定中的常见问题主要包括：注册会计师是否选取适当的基准；注册会计师是否清楚记录支持重要性考虑的理由；当税前利润不合适的情况下，如何判断使用其他的基础，是否考虑了财务报表使用者重点关注等。

(二) 完成阶段对计划阶段设定的重要性水平的重新评估

《中国注册会计师审计准则第1251号——评价审计过程中识别出的错报》第十一条规定，在评价未更正错报的影响之前，注册会计师应当重新评估按照第1221号准则的规定确定的重要性，以根据被审计单位的实际财务结果确认其是否仍然适当。

注册会计师可能会忽略根据被审计单位的实际财务结果重新评估重要性对审计程序和审计证据的影响。但修订后的重要性水平低于计划阶段设定的重要性水平的时候，注册会计师需要根据修订后的重要性水平对已执行的审计程序进行必要的梳理，考虑是否需要扩大审计程序的范围或追加审计程序，以获取充分适当的审计证据，将审计风险降低至可以接受的水平。

在实际工作中，对重要性水平的修订往往属于重大审计策略的变更，注册会计师应当在工作底稿中记录有必要修改实际执行的重要性的理由；记录修订后的整体重要性水平，包括财务报表整体的重要性、特定类别的交易、账户余额或披露的一个或多个重要性水平（如适用）和实际执行的重要性以及在确定这些金额时考虑的因素；并分析原来确定的进一步审计程序的性质、时间安排和范围是否仍然适当；记录考虑的扩大审计程序的范围，即追加的审计程序；并记录追加审计程序执行的结果，对审计结论的影响等。

(三) 评估错报

在评估错报的时候，注册会计师除了考虑定量的重要性水平，还应该考虑定性的影响。比如，如果某项错报可能是由于舞弊导致的，那么无论其金额重大与否，注册会计师均需要按照《中国注册会计师审计准则第 1141 号——财务报表审计中与舞弊相关的责任》的规定评估该错报对于整个财务报表的影响。再比如,有些资产负债表或利润表科目的分类错报仅影响报表科目的分类,占资产负债表、利润表科目比例较小,或者对资产负债表、利润表主要比率指标影响很小。在这种情况下,报表使用者对于该类别错报的可容忍程度可能相对较高,而注册会计师基于以上定性评估,也可能同意该等分类错报不会对财务报表产生重大影响。相反,在考虑错报发生的某些特定情况或环境时,有些错报虽然单项金额不重大,但注册会计师仍然可能认为其单独或连同其他错报一起从性质上看会对财务报表产生重大影响。

二、职业怀疑

1. 职业怀疑在本质上要求秉持一种质疑的理念。这种理念促使注册会计师在考虑相关信息和得出结论时采取质疑的思维方式。在这种理念下,注册会计师不应不假思索全盘接受被审计单位提供的证据和解释,也不应轻易相信过分理想的结果或太多巧合的情况。

2. 职业怀疑要求对引起疑虑的情形保持警觉。这些情形包括但不限于:相互矛盾的审计证据;引起对文件记录或对询问答复的可靠性产生怀疑的信息;明显不合商业情理的交易或安排;其他表明可能存在舞弊的情况;表明需要实施除审计准则规定外的其他审计程序的情形[参见《中国注册会计师审计准则第 1101 号——注册会计师的总体目标和审计工作的基本要求》第三十四条第(一)项]。

3. 职业怀疑要求审慎评价审计证据。审计证据包括支持和印证管理层认定的信息,也包括与管理层认定相互矛盾的信息。审慎评价审计证据包括质疑相互矛盾的审计证据、文件记录和对询问的答复以及从管理层和治理层获取的其他方面信息的可靠性,而非机械完成审计准则要求实施的审计程序。在怀疑信息的可靠性或发现舞弊迹象时，注册会计师需要作出进一步调查，并确定需要修改哪些审计程序或实施哪些追加的审计程序。

4. 职业怀疑要求客观评价管理层和治理层。由于被审计单位及其环境发生变化，或者管理层和治理层为实现预期利润或结果而承受内部或外部压力，即使以前正直、诚信的管理层和治理层也可能发生变化。因此，注册会计师不应依赖以往对管理层和治理层诚信形成的判断。即使注册会计师认为管理层和治理层是正直、诚实的，也不能降低保持职业怀疑的要求，不允许在获取合理保证的过程中满足于说服力不足的审计证据。

三、持续经营

1. 我国企业会计准则明确要求管理层对被审计单位持续经营能力作出专门评估。而注册会计师的责任是在执行财务报表审计业务时，考虑管理层运用持续经营假设的适当性和披露的充分性。

2. 在整个审计过程中，注册会计师应当始终关注可能导致对持续经营能力产生重大疑虑的事项或情况以及相关的经营风险。一旦识别出这些事项或情况，注册会计师不仅要执行进一步的审计程序，还要考虑其是否构成影响持续经营能力评估，以及影响财务报表编制和披露的重大错报风险。

3. 注册会计师应当确定管理层评估持续经营能力涵盖的期间是否符合适用的会计准则和相关会计制度的规定。如果管理层评估持续经营能力涵盖的期间少于自资产负债表日起的十二个月，注册会计师应当提请管理层将其延伸至自资产负债表日起的十二个月；如果管理层评估持续经营能力涵盖的期间大于十二个月，注册会计师的评价期间应当与管理层作出评估的涵盖期间相同。

4. 注册会计师应当关注管理层是如何识别可能导致对其持续经营能力产生重大疑虑的事项或情况的，所识别的事项或情况是否完整，并且结合在整个审计过程中发现的所有信息进行充分考量。

5. 当识别出可能导致对持续经营能力产生重大疑虑的事项或情况时，注册会计师应当进一步评估该等事项是否存在重大不确定性并执行进一步的审计程序。

6. 审计结论和审计报告类型归纳如表1-1所示。

表1-1

管理层的评估	注册会计师的评价	对审计报告的影响
存在重大不确定性，且财务报表已作出充分披露	注册会计师已就管理层运用持续经营假设的适当性获取充分、适当的审计证据，但存在重大不确定性，且财务报表已作出充分披露	注册会计师应当在审计报告中增加单独的部分并在该部分的标题中提及存在"与持续经营相关的重大不确定性"这一事实
存在重大不确定性，但财务报表未作出充分披露	注册会计师已就管理层运用持续经营假设的适当性获取充分、适当的审计证据，但财务报表未对重大不确定性作出充分披露的情况	注册会计师应当出具保留意见或否定意见的审计报告
持续经营假设不适用，但财务报表仍然按持续经营假设编制	如果财务报表已按照持续经营假设编制，但注册会计师根据判断认为管理层在财务报表中运用持续经营假设是不适当的	注册会计师应发表否定意见
管理层认为编制财务报表时运用持续经营假设不再适用，因而选用了其他基础编制财务报表	注册会计师认为选用的其他编制基础是适当的，且财务报表已作出充分披露	注册会计师可以对这些财务报表发表无保留意见，但可能认为按照《中国注册会计师审计准则第1503号——在审计报告中增加强调事项段和其他事项段》的规定在审计报告中增加强调事项段是适当或必要的，以提醒财务报表使用者注意其他会计基础及其使用理由
存在多项对财务报表整体具有重要影响的重大不确定性	注册会计师通过询问管理层并执行进一步的审计程序仍然无法获得充分、适当的审计证据	注册会计师可能认为发表无法表示意见是适当的，而非在审计报告中增加以"与持续经营相关的重大不确定性"为标题的单独部分
管理层拒绝对持续经营能力作出初步评估或者拒绝将评估持续经营能力涵盖得到期间延伸至至少十二个月时		

四、销售收入

(一) 对收入的舞弊风险评估

由于财务报表的使用者对收入的关注,导致收入的舞弊风险很高,注册会计师是否对舞弊风险的动机、压力及机会进行充分评估,并结合已发现的财务数据的异常表现/波动,正确识别与收入循环相关的特别风险值得关注。

(二) 对销售流程和相关内部控制的了解、评估和测试

注册会计师在审计中需要了解被审计单位销售流程和相关的内部控制。由于绝大多数的公司都使用信息系统记录交易,对公司信息技术一般控制、与收入相关的自动控制及人工控制进行了解和测试在审计中往往至关重要。根据识别的风险和内部控制测试的结果可以设计更为有效的包括控制测试和实质性程序结合的审计方案。

(三) 针对收入设计和实施有效的审计程序

• 对收入的分析程序应充分考虑实质性分析程序能否为注册会计师对收入的相关认定取得足够的审计证据;分析程序的运用是否建立在预期的基础上。即注册会计师是否对相关收入金额建立独立的预期,并分析实际收入金额和预期收入金额以识别重大错报。分析性程序是否能够对收入的准确性认定取得相关的审计证据和必要的审计信心。

• 在设计实质性测试的时候是否按风险、特征和流程细分收入类别,并设计适当的程序,样本量选取是否考虑收入细分,占比是否合理,当样本误差率高时,是否采用进一步审计程序查明误差产生的原因。

- 是否设计和执行必要的审计程序以验证收入的发生、准确性、截止性等相关认定。

五、股权转让

1. 注册会计师是否对股权转让目的、转让标的资产负债结构、实际经营状况进行分析。对三大舞弊风险的因素——实施舞弊的动机或压力、实施舞弊的机会、文化或环境是否使管理层能够将实施舞弊合理化进行充分的评价。注册会计师是否将该领域作为重点关注领域并安排有足够胜任能力的人员对其进行审计。

2. 注册会计师是否充分获取并认真检查股权交易双方是否存在关联方关系、是否存在潜在关联关系、股权交易是否基于双方的特殊身份才得以发生等的相关审计证据，交易安排是否符合商业合理性，以判断管理层对股权转让的认定依据是否充分。

3. 注册会计师是否分析股权转让标的市场价值是否公允，是否存在上市公司明显地、单方面地从中获益；在决定利用专家对股权价值评估的工作时，是否评价专家的胜任能力、专业素质及客观性，评价专家的工作是否足以实现审计目的，评价工作结论、假设和方法以及所使用的重要原始数据。

4. 注册会计师是否对管理层所作的会计处理的理由、会计计量、列报及披露的准确性、完整性进行复核，判断管理层会计处理的合理性和准确性。

六、政府补助

在针对上市公司或拟上市公司的财务报表审计中，对于政府补助的审计，注册会计师不应仅仅停留在获取进账单和相关批准文件上，应该时刻牢记运用风险导向审计理念，关注上市公司凭借政府补助操纵利润、美化财务报表的风险：

1. 注册会计师是否关注到政府补助金额对利润总额的影响程度，以及是否起到扭亏为盈的作用；执行风险评估程序时是否应将营业外收入的大额增加确定为重大风险领域，予以关注并执行具体的审计程序。

2. 注册会计师是否获取并检查了政府补助的会计凭证，是否关注补助的取得时点，关注记账凭证与凭证后附的包括批准文件等支持材料的时间是否存在冲突，是否关注支票出票人与批准文件的政府部门的一致性，是否关注政府补助直接从政府获得这一重要特征。

3. 注册会计师是否获取并检查了相关政府补助的批准文件，并关注企业的会计处理批准文件的形式及内容是否一致。

4. 注册会计师是否对明显异常的事项保持应有的职业怀疑，在发现异常事项时，如政府补助以支票形式支付、支票出票人不是政府财政部门而是关联方企业、政府补助相关文件没有正式文号等，是否实施进一步的追查程序，以获取恰当证据支持认定；项目完成阶段的分析性复核是否对营业外收入存在的异常情况进行解释。

5. 注册会计师是否关注政府补助中隐含的舞弊风险，包括：管理层为达到业绩标准粉饰报表，管理层利用关联方交易掩饰亏损、虚构利润。

6. 注册会计师对于政府补助所执行的审计程序以及获取的审计证据是否形成完整的工作底稿，从而为注册会计师得出的结论提供适当的依据。

政府补助对财务报表有重大影响时，注册会计师应防范与政府补助相关的重大错报风险：

1. 注册会计师应重点分析公司粉饰财务报表的舞弊动机，应充分了解公司利润的构成及主要来源。如果存在对财务报告影响重大的政府补助，注册会计师应将其作为重点关注领域并安排有足够胜任能力的人员进行审计。

2. 注册会计师应认真检查政府补助相关文件，应对政府补助的真实性保持职业怀疑态度，并考虑补助项目是否明显违反国家产业政策和相关法律法规，是否存在明显不合理的情形；在发现政府补助文件规定不明确或存在明显不合理迹象时，注册会计师应与相关政府部门进行访谈沟通或执行函证程序，或在必要时聘请律师或其他外部专家提供意见。

3. 注册会计师应该在了解政府补助内容的基础上，确认企业是否正确划分了两类政府补助：与资产相关的政府补助、与收益相关的政府补助。如果是与资产相关的政府补助，还要进一步判断企业是否通过"递延收益"科目核算收到的政府补助，并且自相关资产可供使用时起，在该项资产使用寿命内平均分摊。

4. 注册会计师应该关注企业收到的搬迁补偿是否适用《企业会计准则解释第3号》的相关规定，并获取审计证据来验证相关会计处理的合理性。

5. 注册会计师应该关注与政府补助相关的财务报表列报和披露是否符合会计准则的规定，特别关注将政府补助作为经常性损益列报的依据是否充分。

七、集团审计

1. 集团项目组应当与被审计集团的管理层和治理层进行深入的沟通和洽谈。集团项目组应当了解审计范围、审计目的、组成部分的构成、集团管理层对组成部分的管理控制程度和方式等。由于集团审计工作面临着合并层级多、合并个体数量多、业务领域多元化等各种情况，除了和个别财务报表审计一样需要了解客户的股权结构、组织架构、经营情况和内部关联方往来的核算方法等外，需要指出的是，在集团审计过程中，审计项目团队应当特别增加对集团财务报表合并过程的了解，包括财务数据如何从组成部分流转至集团财务部门；集团财务部门如何收集各类财务信息；集团财务部门如何审核这些财务信息；组成部分财务系统与集团财务系统是否兼容，是否能实时更新等相关信息。通过上述的初步沟通和了解，集团项目组方能够形成初步的审计计划。

2. 制定总体审计策略和具体审计计划。根据对被审计集团情况的必要了解，审计团队应当确定被审计集团内组成部分的数量、所属行业、所在地、特殊的行业风险或其他风险等事项，从而识别出重要组成部分。识别重要组成部分，对于制定总体审计策略来说尤为重要。通常来说，重要组成部分包括两种情形：（1）具有财务重大性的单个组成部分；（2）具备特定性质或情况，可能存在导致集团财务报表发生重大错报的特别风险的单个组成部分。

3. 集团项目组可以从定量和定性两个角度来确定重要组成部分。从定量来判断重要组成部分：一般情况下，集团项目组可以考虑选定某一基准并将选定的基准乘以某一百分比，以协助识别对集团具有财务重大性的单个组成部分。确定判断基准以及百分比依赖集团项目组的职业判断。可以根据集团的性质和具体情况，选用适当的基准，例如集团资产、总负债、现金流量、利润总额或者营业收入等。例如，集团项目组可能认为超过选定基准15%的组成部分是重要组成部分。在其他情况下，集团项目组也可能认为低于选定基准15%的组成部分是重要组成部分。

从定性来判断重要组成部分：定性分析需要更多地运用注册会计师的职业判断。某些组成部分由于其特定性质或情况，可能存在导致集团财务报表发生重大错报的特别风险。集团项目组可以根据各组成部分的行业特点、业务类型、是否涉及重大会计估计和判断、是否发生重大事件（如并购收购业务）等方面来判断存在哪些重大错报的特别风险。例如，某组成部分进行外汇交易，虽然其对集团并不具有财务重大性，但仍使集团面临导致重大错报的特别风险。通过上述判断和风险分析而形成的重要组成部分，集团审计项目组应当考虑制定单独的重要性水平，制定相应的审计策略，如执行全面审计或者执行特定的审计程序等。在审计资源的分配上，对这些重要组成部分一般也应当有所倾斜，因为如把握住这些重要组成部分上的风险，一定程度上也把握住了合并财务报表整体层面的重大风险。

4. 集团项目组应当运用风险导向的审计理念，对集团审计进行进一步风险分析，确定其他组成部分，并执行相应审计程序，以期将审计风险降低至可接受水平。风险导向型审计要求注册会计师运用职业判断来评估被审计单位的风险，结合集团财务报表审计的特点，考虑审计效率和效果，确定审计应对措施。这是集团审计贯彻风险导向审计理念的重要特点，也是集团财务报表审计的一大难点。一般来说，对"其他组成部分"常见的审计程序包括：特定审计程序、财务信息审阅和集团层面财务信息分析等。

5. 在集团审计过程中，集团项目组应当对组成部分注册会计师实施实时督导并与组成部分注册会计师进行及时沟通。沟通应该是双向的，除了集团项目组应当向组成部分注册会计师沟通外，组成部分也应当向集团项目组进行沟通。

第二章 重要性水平的案例分析

一、重要性在审计中的重要作用

"重要性"是注册会计师在执行审计工作的过程中运用到的一个非常重要的概念，贯穿于整个审计过程。重要性水平的运用对于指导并规范注册会计师的审计工作，评价注册会计师识别出的错报对审计的影响以及未更正错报对财务报表的影响，起到非常关键的作用。重要性与审计风险存在密不可分的关系。审计风险取决于重大错报风险和检查风险。在既定的审计风险水平下，认定层次重大错报风险的评估结果与可接受的检查风险水平成反向关系。而审计风险与重要性也成反向关系。注册会计师应当运用适当的重要性水平计划并有效执行恰当的审计程序，获取充分、适当的审计证据，将审计风险降至可接受的低水平，以对所审计的财务报表整体不存在重大错报获取合理保证，并出具恰当的审计意见。

二、重要性在审计过程中的实际运用

（一）重要性水平在审计计划阶段的运用

第1221号准则第七条规定，在计划审计工作时，注册会计师需要对认为重大的错报金额作出判断。作出的判断为下列方面提供基础：

1. 确定风险评估程序的性质、时间安排和范围；
2. 识别和评估重大错报风险；
3. 确定进一步审计程序的性质、时间安排和范围。

审计计划在很大程度上就是围绕着设计审计程序的性质、时间和范围而展开，在这个过程中注册会计师需要确定一个可以接受的重要性水平，以发现重大错报风险。

在确定重要性水平时，注册会计师需要按照第1221号准则第三条及第五条的规定，运用恰当的职业判断，在考虑财务报表使用者整体共同的财务信息需求及其对所作出经济决策的影响程度的基础上，同时还需要考虑对被审计单位的性质及其所处环境的了解、财务报表科目的金额及性质，及其相互关系和相对波动性。

此外，第1221号准则第十条和第十一条以及相关应用指南中规定，重要性水平需要从财务报表整体及特定类别的交易、账户余额或披露这两个层面进行考虑，同时需要确定实际执行的重要性，以评估重大错报风险并确定进一步审计程序的性质、时间安排和范围。在实务操作中，确定财务报表整体重要性水平时，注册会计师通常会先选择一个恰当的基准，再针对该基准选用一个适当的百分比作为财务报表整体的重要性。这个过程中同样需要运用注册会计师的职业判断，且依赖于被审计单位的性质和所处的环境，以及对财务报表要素及财务报表使用者所关注的财务项目或指标的考虑。

在集团财务报表审计中也需要考虑重要性水平的运用。《中国注册会计师审计准则第1401号——对集团财务报表审计的特殊考虑》第三十四条至第三十六条以及相关应用指南中规定，基于集团审计的目的，需要对拟实施审计或者审阅的组成部分确定组成部分重要性。组成部分重要性应当低于集团财务报表整体重要性，但无需将集团整体重要性按比例分配至各组成部分。因此，不同组成部分的重要性的汇总数有可能高于集团的整体重要性水平。而在确定组成部分的重要性水平时也需要运用注册会计师的职业判断。

(二) 重要性水平在审计执行阶段的运用

第1221号准则第十二条及第十三条针对在审计过程中修改重要性作出了如下规定：

第十二条　如果在审计过程中获知了某项信息，而该信息可能导致注册会计师确定与原来不同的财务报表整体重要性或者特定类别的交易、账户余额或披露的一个或多个重要性水平（如适用），注册会计师应当予以修改。

第十三条　如果认为运用低于最初确定的财务报表整体的重要性和特定类别的交易、账户余额或披露的一个或多个重要性水平（如适用）是适当的，注册会计师应当确定是否有必要修改实际执行的重要性，并确定进一步审计程序的性质、时间和范围是否仍然适当。

在审计执行阶段，随着审计工作的推进，注册会计师通过获取新的信息或者实施进一步审计程序，发现被审计单位及其环境发生重大变化，从而可能影响最初确定的重要性水平的合理性。此时，应当考虑对计划阶段确定的重要性水平进行修正，特别是在重要性水平可能需要降低的情况下，需要修改进一步审计程序的性质、时间和范围，包括扩大审计范围或追加审计程序等。

正如第1221号准则第六条中所规定的，随着审计工作的推进，评价识别出的错报对审计的影响，以及未更正错报对财务报表和审计意见的影响时，注册会计师仍然需要运用重要性。而第1251号准则第七条规定，如果审计过程中已发现的累积的错报合计数接近重要性水平，即可能存在未被发现的错报连同已发现的累积错报汇总数超过重要性的情况，注册会计师应当考虑是否需要修改审计计划，即修改进一步审计程序的性质、时间和范围，包括扩大审计范围、追加审计程序，或要求管理层调整财务报表等，以降低审计风险。

（三）重要性水平在审计完成阶段的运用

第1251号准则第十一条和第十二条以及相关应用指南中规定，在评价未更正错报对于财务报表的影响时，注册会计师应当做到：

1. 在评价未更正错报的影响之前，首先需要根据被审计单位的最终财务结果重新评估计划阶段确定的重要性水平的合理性，如有必要，需要对重要性水平作出适当修正后再进行未更正错报的评估。

2. 在评价未更正错报的影响时，不仅需要考虑每项错报对于财务报表相关科目的单独影响是否重大，而且还要考虑所有错报对财务报表的累积影响是否重大，因为有些错报单项金额虽然未超过重要性水平，但是其累积金额可能对财务报表产生重大影响。同时，注册会计师还需要考虑前期相关的非重大未更正错报对于本期财务报表的累积影响。

3. 在评价未更正错报的重要性时，不仅需要进行定量分析，还需要进行定性分析。

例如，如果某项错报可能是由于舞弊导致的错报，那么无论其金额重大与否，注册会计师均需要按照第1141号准则的规定评估该错报对于整个财务报表的影响。有些资产负债表或利润表科目的分类错报仅影响报表科目的分类，占资产负债表、利润表科目比例较小，或者对资产负债表、利润表主要比率指标影响很小。在这种情况下，报表使用者对于该类别的错报的可容忍程度相对较高，而注册会计师基于以上定性评估，也可能认为该分类错报不会对财务报表产生重大影响。相反，在考虑错报发生的某些特定情况或环境时，有些错报虽然单项金额不重大，但注册会计师仍然可能认为其单独或连同其他错报一起从性质上来看会对财务报表产生重大影响。

三、重要性水平运用案例

（一）案例背景信息及注册会计师采用的重要性水平

案例1：甲公司

甲公司聘请A事务所对其2015年度的财务报表执行审计业务。

甲公司2015年未经审计的利润总额为2 500万元，A事务所注册会计师认为甲公司系以营利为目的的实体，因此以利润总额2 500万元的5%即125万元，确定为集团财务报表整体的重要性水平。以125万元的50%即62.5万元作为实际执行的重要性水平。

经过审计后，甲公司确认的合并利润总额为500万元，A事务所注册会计师认为，由于所有发现的未调整事项的金额总额为50万元，小于125万元，因此，甲公司的报表已作公允反映。

案例2：乙公司

（1）公司情况。

乙公司所属行业为批发零售业，其经营范围包括钢铁贸易、汽车销售与服务、仓储物流。乙公司于2007年在深圳证券交易所上市，2013年起聘请B事务所执行其财务报表审计业务。公司下属共有3家子公司，全部纳入合并范围。公司2014年及2015年合并财务报表的财务状况及经营成果如表2-1所示。

表2-1   单位：万元

项目	期末/本期数	期初/上期数
资产总额	175 000	160 000
负债总额	120 000	110 000

续表

项目	期末/本期数	期初/上期数
所有者权益	55 000	50 000
营业收入	600 000	500 000
利润总额	4 000	3 000
净利润	2 000	1 500

（2）针对重要性水平，注册会计师实施的审计程序。

①注册会计师在总体审计策略底稿中，针对合并财务报表，制定的计划重要性水平为3 000万元，未制定实际执行的重要性水平。

②在重要性水平底稿中，注册会计师选择的基准为收入总额，注册会计师确定重要性水平考虑的因素为：乙公司为上市公司，系以营利为目的的外贸企业，收入较大但是毛利较低，微利企业和商业企业适用于收入法。于是注册会计师以2015年度集团合并营业收入的0.5%为基准，确定的合并报表计划重要性水平为3 000万元。

③在"确定组成部分的重要性"底稿中，注册会计师对纳入合并范围的母公司及3家子公司分配的重要性水平分别为：3 500万元、450万元、400万元和300万元。

（二）思考题

1. 案例1中，注册会计师在执行审计工作的过程中对于重要性水平的确定存在哪些问题？需要作出哪些改进？

2. 案例2中，注册会计师针对重要性水平实施的审计程序存在哪些不足之处？需要作出哪些改进？

（三）思考题解答

1. 案例1中，注册会计师在执行审计工作的过程中对于重要性水平的运用存在哪些问题？需要作出哪些改进？

问题解析：

第1221号准则第十二条及第十三条针对在审计过程中对重要性进行修改作出了如下规定：

第十二条　如果在审计过程中获知了某项信息，而该信息可能导致注册会计师确定与原来不同的财务报表整体的重要性或者特定类别的交易、账户余额或披露的一个或多个重要性水平（如适用），注册会计师应当予以修改。

第十三条　如果认为运用低于最初确定的财务报表整体的重要性和特定类别的交易、账户余额或披露的一个或多个重要性水平（如适用）是适当的，注册会计师应当确定是否有必要修改实际执行的重要性，并确定进一步审计程序的性质、时间安排和范围是否仍然适当。

此外，第1251号准则第十一条规定，在评价未更正错报的影响之前，注册会计师应当重新评估按照第1221号准则的规定确定的重要性，以根据被审计单位的实际财务结果确认其是否仍然适当。

在评价注册会计师在审计工作中对于重要性水平的运用时，首先要考虑设定重要性水平的基准是否合理。

案例1中，甲公司为以营利为目的的实体，《中国注册会计师审计准则问题解答第8号——重要性及评价错报》中指出："在通常情况下，对于以营利为目的的企业，利润可能是大多数财务报表使用者最为关注的财务指标，因此，注册会计师可能考虑选取经常性业务的税前利润作为基准。"在本案例中，注册会计师以利润总额作为计算重要性水平的基准，貌似合理。但是进一步分析可以发现：案例中的甲公司经审计的利润总额为500万元，远小于审计前的利润总额2 500万元。而注册会计师在计划阶段及执行阶段是按照审计前的利润总额2 500万元的5%即125万元，确定集团财务报表整体的重要性水平，以125万元的50%即62.5万元作为实际执行的重要性水平。

在发现实际财务成果与最初确定的财务报表整体的重要性时使用的预期本期财务成果相比存在很大差异时，根据准则要求应该及时修改重要性水平：即按照审计后的利润总额 500 万元作为基准，重新修订重要性水平，即经修改的重要性水平为 500 万元的 5% 即 25 万元作为修订后的整体重要性水平，以 25 万元的 50% 即 12.5 万元作为修订后的实际执行的重要性水平。由于修订后的执行重要性水平（12.5 万元）远低于最初确定的执行重要性水平（62.5 万元），显然，原先按照 62.5 万元的执行重要性水平实施的审计程序不适用于修订后的重要性水平，该等审计程序极可能不能发现高于修订后整体重要性水平（25 万元）的重大错报，所以注册会计师需要根据修订后的重要性水平对已执行的审计程序进行梳理，考虑扩大审计程序的范围或追加审计程序，以获取充分适当的审计证据，将审计风险降低至可以接受的水平。

在实际工作中，对重要性水平的修订往往属于重大审计策略的变更，应根据前述第 1221 号准则的第十二条、第十三条的要求在工作底稿中记录修改实际执行的重要性的理由；记录修订后的整体重要性水平，包括财务报表整体的重要性、特定类别的交易、账户余额或披露的一个或多个重要性水平（如适用）和实际执行的重要性以及在确定这些金额时考虑的因素；并分析原来确定的进一步审计程序的性质、时间安排和范围是否仍然适当；记录考虑的扩大审计程序的范围（即追加的审计程序）；并记录追加审计程序执行的结果，对审计结论的影响等。

而在评估未更正错报对财务报表的影响时，注册会计师应当将未更正错报与修订后的重要性水平进行比较来评估其是否重大。案例 1 中所有发现的未调整事项的金额总额为 50 万元，已经超过经修改的整体重要性水平（25 万元），说明其对财务报表的影响是重大的。此时，注册会计师一般应当要求管理层就未更正错报对财务报表进行调整，以降低审计风险，同时考虑扩大审计程序的范围，以进一步降低还有其他未发现的错报的风险。如果管理层拒绝调整财务报表，注册会计师应当评估相关错报对财务报表的影响，考虑是否需要出具非无保留意见的审计报告。

2. 案例 2 中，注册会计师针对重要性水平实施的审计程序存在哪些不足之处？需要作出哪些改进？

问题解析：

（1）首先我们来分析案例 2 中对重要性水平的设定，第 1221 号准则应用指南中，在确定财务报表整体的重要性时对基准的运用，建议如下："适当的基准取决于被审计单位的具体情况，包括各类报告收益（如税前利润、营业收入、毛利和费用总额），以及所有者权益或净资产。对于以营利为目的的实体，通常以经常性业务的税前利润作为基准。如果经常性业务的税前利润不稳定，选用其他基准可能更加合适，如毛利或营业收入。"

《中国注册会计师审计准则问题解答第 8 号——重要性及评价错报》中指出，在通常情况下，对于以营利为目的的企业，利润可能是大多数财务报表使用者最为关注的财务指标，因此，注册会计师可能考虑选取经常性业务的税前利润作为基准。但是在某些情况下，例如企业处于微利或微亏状态时，采用经常性业务的税前利润为基准确定重要性可能影响审计的效率和效果。注册会计师可以考虑采用以下方法确定基准：①如果微利或微亏状态是由宏观经济环境的波动或企业自身经营的周期性所导致，可以考虑采用过去三到五年经常性业务的平均税前利润作为基准；②采用财务报表使用者关注的其他财务指标作为基准，如营业收入、总资产等。

在案例 2 中，注册会计师确定重要性水平考虑的因素为："乙公司为上市公司，系以营利为目的的外贸企业，收入较大但是毛利较低，微利企业和商业企业适用于收入法。于是注册会计师以2015年度营业收入的0.5%为基准，确定的计划重要性水平为3 000万元。"

该案例中，乙公司系上市公司，是以营利为目的的实体，通常应以经常性业务的税前利润作为基准。同时，从列示的2014年和2015年的主要财务数据来看，也未发现利润总额存在不稳定的情况。收入较大、毛利较低不是使用收入法的必然条件或充分理由。根据审计准则、指南和相关问题解答，注册会计师在选择重要性水平的基准时，需要从财务报表的主要使用者（包括但不限于公司的股东、资本市场投资人、债权人、市场分析师等）所关注的财务报表科目或者指标出发，同时结合对公司的性质、所处行业及经济环境等了解，以及对财务报表科目的分析，综合以上因素选择恰当的重要性水平基准。

该案例中注册会计师对重要性水平考虑的因素不够全面，没有从财务报表使用者的角度去分析选取重要性水平的基准。在实务中，可以考虑取得资本市场上的投资分析师的分析报告，分析报告使用者的关注点，根据分析的结果：如果毛利低是普遍的行业特点，而分析报告也主要关注税前利润，那么使用收入作为基准的理由可能并不充分；如果分析报告除了关注利润，也关注收入，或者其他的指标，那么注册会计师应当运用职业判断进行综合分析，确定重要性水平基准。

综上所述，本案例中的注册会计师对重要性水平基准的判断记录太过笼统，分析的理由及依据显见不够充分，审计底稿的记录并不能完整体现对重要性水平的职业判断。

（2）注册会计师在总体审计策略中，只制定了计划的重要性水平，未制定实际执行的重要性水平，不符合第1221号准则的有关规定。

第1221号准则第十一条规定，注册会计师应当确定实际执行的重要性，以评估重大错报风险并确定进一步审计程序的性质、时间安排和范围。而确定实际执行的重要性的目的是将财务报表中未更正和未发现错报的汇总数超过财务报表整体的重要性的可能性降低至适当的低水平。

在本案例中,"注册会计师在总体审计策略底稿中,针对合并财务报表,制定的计划重要性水平为3 000万元,未制定实际执行的重要性水平"。注册会计师在确定执行的重要性水平时,运用职业判断,并在审计工作底稿中充分记录在确定实际执行的重要性时所作出的职业判断的依据。

《中国注册会计师审计准则问题解答第8号——重要性及评价错报》中指出,实际执行的重要性,是指注册会计师确定的低于财务报表整体重要性的一个或多个金额,旨在将未更正和未发现错报的汇总数超过财务报表整体的重要性的可能性降至适当的低水平。确定实际执行的重要性并非简单机械地计算,需要注册会计师运用职业判断,并考虑下列因素的影响:

①对被审计单位的了解;

②前期审计工作中识别出的错报的性质和范围;

③根据前期识别出的错报对本期错报作出的预期。

对实际执行的重要性的运用体现在计划和执行审计工作阶段,实际执行的重要性直接影响注册会计师的审计工作量及需要获取的审计证据。对于审计风险较高的项目,需要确定较低的实际执行的重要性。

如果存在下列情况,注册会计师可能考虑选择较低的百分比来确定实际执行的重要性:

①首次接受委托的审计项目;

②连续审计项目,以前年度审计调整较多;

③项目总体风险较高,例如处于高风险行业、管理层能力欠缺、面临较大市场竞争压力或业绩压力等;

④存在或预期存在值得关注的内部控制缺陷。

如果存在下列情况，注册会计师可能考虑选择较高的百分比来确定实际执行的重要性：

①连续审计项目，以前年度审计调整较少；

②项目总体风险为低到中等，例如处于非高风险行业、管理层有足够能力、面临较低的业绩压力等；

③以前期间的审计经验表明内部控制运行有效。

审计准则要求注册会计师确定低于财务报表整体重要性的一个或多个金额作为实际执行的重要性，注册会计师无需通过将财务报表整体的重要性平均分配或按比例分配至各个报表项目的方法来确定实际执行的重要性，而是根据对报表项目的风险评估结果，确定一个或多个实际执行的重要性。例如，根据以前期间的审计经验和本期审计计划阶段的风险评估结果，注册会计师认为可以以财务报表整体重要性的 75% 作为大多数报表项目实际执行的重要性；与营业收入项目相关的内部控制存在控制缺陷，而且以前年度审计中存在审计调整，因此考虑以财务报表整体重要性的 50% 作为营业收入项目的实际执行的重要性，从而有针对性地对高风险领域执行更多的审计工作。

（3）注册会计师在分配集团重要性水平时，分配给母公司的重要性水平为 3 500 万元，超过集团总体重要性水平，不符合第 1401 号准则的有关规定。

第 1401 号准则第三十四条第（三）项规定，如果组成部分注册会计师对组成部分财务信息实施审计或审阅，基于集团审计目的，为这些组成部分确定组成部分重要性。为将未更正和未发现错报的汇总数超过集团财务报表整体的重要性的可能性降至适当的低水平，组成部分重要性应当低于集团财务报表整体的重要性。

注册会计师在确定组成部分的重要性水平时需要运用职业判断，

考虑的因素包括：整个集团层面所获取的审计证据的充分性；低于集团整体重要性水平的错报可能导致集团财务报表产生重大错报的风险；组成部分的数量越多，为各组成部分确定的重要性的汇总数超过集团整体重要性越多；在为各组成部分确定重要性水平时，还需要考虑是否受组成部分之前的关联交易及余额的影响等。

在案例2中，在"确定组成部分的重要性"底稿中，注册会计师对纳入合并范围的母公司及3家子公司分配的重要性水平分别为：3 500万元、450万元、400万元和300万元。除了母公司分配的3 500万元超过集团重要性水平不符合准则规定之外，在工作底稿中没有记录对于不同子公司的重要性水平的分配考虑。

（四）从上述示例中可借鉴的教训和相关经验

结合上述分析，可以总结注册会计师在审计过程中恰当运用重要性需要关注以下几点：

1. 重要性的运用贯穿于整个审计过程，它对于指导注册会计师的审计工作起到非常关键的作用。注册会计师要正确认识重要性与审计风险的关系，认识到一旦重要性运用得不恰当，很可能导致整个审计计划以及执行的失败，进而导致最终的审计意见的不恰当。

2. 重要性水平并不是一成不变的，而是需要注册会计师随着审计工作的推进，结合进一步了解和掌握的信息进行修正，以使注册会计师可以设计并有效执行进一步审计程序的范围、时间和程度，从而获取充分、适当的审计证据，将审计风险降至可接受的低水平，以对所审计的财务报表整体不存在重大错报获取合理保证，并出具恰当的审计意见。

3. 重要性的运用离不开注册会计师的职业判断，该职业判断是基于对被审计单位的性质、所处的行业及经济环境的了解；对财务报表使用者为作出经济决策而对财务信息的需求及财务指标的关注的考虑；也是对关键财务要素及其相互关系、相对波动性的分析。更重要的是，注册会计师作出的该等职业判断考虑因素及得出的结论，需要形成注册会计师的工作底稿并予以恰当记录。

第三章 在审计过程中保持职业怀疑

一、保持职业怀疑的重要性

第 1101 号准则第二十八条规定,在计划和实施审计工作时,注册会计师应当保持职业怀疑,认识到可能存在导致财务报表发生重大错报的情形。

《中国注册会计师审计准则问题解答第 1 号——职业怀疑》就相关问题进行了详细的解答,本小节及以下"如何在审计过程中保持职业怀疑"小结中摘抄了该问题解答第 1 号的相关内容。

职业怀疑,是指注册会计师执行审计业务的一种态度,包括采取质疑的思维方式,对可能表明由于错误或舞弊导致错报的迹象保持警觉,以及对审计证据进行审慎评价。

职业怀疑是注册会计师综合技能不可或缺的一部分,是保证审计质量的关键要素之一。保持职业怀疑有助于注册会计师恰当运用职业判断,提高审计程序设计及执行的有效性,降低审计风险,实现审计质量目标。

保持职业怀疑对于注册会计师发现舞弊、防止审计失败至关重要。舞弊可能是精心策划、蓄意实施并予以隐瞒的,只有保持充分的职业怀疑,注册会计师才能对舞弊风险因素保持警觉,进而有效地评估舞弊导致的重大错报风险。保持职业怀疑，有助于使注册会计师认识到存在由于舞弊导致的重大错报的可能性，不会受到以前对管理层、治理层正直和诚信形成的判断的影响；使注册会计师对获取的信息和审计证据是否表明可能存在由于舞弊导致的重大错报风险始终保持警惕；使注册会计师在认为文件可能是伪造的或文件中的某些条款可能已被篡改之类情况出现时，作出进一步调查。

二、如何在审计过程中保持职业怀疑

注册会计师在审计过程中会接触到被审计单位的很多人员，也会取得各种各样的审计证据，如何在这一过程中始终保持职业怀疑呢？下面我们从几个方面予以分析：

（一）理解职业怀疑

1. 职业怀疑在本质上要求秉持一种质疑的理念。这种理念促使注册会计师在考虑相关信息和得出结论时采取质疑的思维方式。在这种理念下，注册会计师不应不假思索全盘接受被审计单位提供的证据和解释，也不应轻易相信过分理想的结果或太多巧合的情况。

2. 职业怀疑要求对引起疑虑的情形保持警觉。这些情形包括但不限于：相互矛盾的审计证据；引起对文件记录或对询问答复的可靠性产生怀疑的信息；明显不合商业情理的交易或安排；其他表明可能存在舞弊的情况；表明需要实施除审计准则规定外的其他审计程序的情形［参见第1101号准则第三十四条第（一）项］。

3. 职业怀疑要求审慎评价审计证据。审计证据包括支持和印证管理层认定的信息，也包括与管理层认定相互矛盾的信息。审慎评价审计证据包括质疑相互矛盾的审计证据、文件记录和对询问的答复以及从管理层和治理层获取的其他方面信息的可靠性,而非机械完成审计准则要求实施的审计程序。在怀疑信息的可靠性或发现舞弊迹象时,注册会计师需要作出进一步调查,并确定需要修改哪些审计程序或实施哪些追加的审计程序。

4. 职业怀疑要求客观评价管理层和治理层。由于被审计单位及其环境发生变化,或者管理层和治理层为实现预期利润或结果而承受内部或外部压力,即使以前正直、诚信的管理层和治理层也可能发生变化。因此,注册会计师不应依赖以往对管理层和治理层诚信形成的判断。即使注册会计师认为管理层和治理层是正直、诚实的,也不能降低保持职业怀疑的要求,不允许在获取合理保证的过程中满足于说服力不足的审计证据。

(二) 如何使审计项目组整体保持职业怀疑

注册会计师保持职业怀疑,不仅受到个人的道德、知识水平和执业经验的影响,还受到会计师事务所文化和机制,以及所在项目组的影响。因此,首先要在会计师事务所层面营造保持职业怀疑的环境,培育以质量为导向的文化,建立重视质量的机制,如业绩评价、薪酬和晋升机制等,并通过各种方式,如在职培训、由经验丰富的员工提供指导、有效的项目质量复核等,使事务所人员具备执行审计业务所必需的知识、技能和能力,从而能够保持职业怀疑。此外,事务所要严格工作底稿要求,实施有效监控。

在项目组层面,项目合伙人对审计业务的总体质量负责,因此需要在审计业务的所有阶段通过行动示范和相关信息的传达,向项目组强调质量至上和保持职业怀疑的重要性。体现保持职业怀疑的方式可能包括:

1. 在识别和评估重大错报风险时,项目组需要对财务报表存在重大错报的可能性进行讨论。讨论内容包括财务报表易于发生由于舞弊导致的重大错报的方式和领域，包括舞弊可能如何发生。在讨论过程中，项目组成员不应假定管理层和治理层是正直和诚信的。这种讨论可以为项目组成员交流和分享新信息提供平台，其本身是强化职业怀疑的一种体现。

2. 项目合伙人和项目组其他关键成员积极参与指导、监督与复核其他项目组成员的工作，及时识别出需要解决或特殊考虑的事项，对于强化整个项目组的职业怀疑也是非常重要的。项目合伙人和项目组其他关键成员在指导和复核已执行的工作时，尤其是复核关键判断领域和特别风险等事项时，可以向经验较少的项目组成员传授大量知识和经验，从而帮助其形成一种批判和质疑的思维方式。在履行监督复核职责时，项目合伙人及项目质量复核人员有责任强调需要在审计过程中保持质疑的思维方式并在收集和评价证据时保持职业怀疑。

3. 就发现舞弊的迹象或疑难问题进行咨询是保持职业怀疑的一种体现。对于疑难问题和争议事项，项目组应当进行适当咨询，并恰当记录执行咨询形成的结论。对于意见分歧，只有问题得到解决，才可以签署报告。

4. 对重要审计项目或高风险审计项目实施项目质量控制复核。在复核中，项目质量控制复核人员应当客观评价项目组作出的重大判断以及编制审计报告时得出的结论。项目质量控制复核人员的独立复核，也是保持职业怀疑的一种体现。

（三）如何在审计业务的各个阶段保持职业怀疑

职业怀疑贯穿于整个审计业务的始终。注册会计师在审计业务的所有阶段都需要保持职业怀疑：

1. 在接受或保持业务时，注册会计师需要考虑被审计单位的主要股东、实际控制人、治理层和管理层是否诚信,包括关注该等人员的变动是否正常。

2. 注册会计师通过不同来源获取与被审计单位相关的信息,这些来源不同的信息可能互相矛盾,这种情况可能有助于注册会计师运用职业怀疑识别和评估重大错报风险。在实施风险评估程序和相关活动时,项目组需要对被审计单位财务报表存在重大错报的可能性进行讨论;注册会计师需要根据对被审计单位及其环境的了解获取的实际信息识别和评估重大错报风险;注册会计师需要运用职业判断,确定所获得的了解是否足以对财务报表中的交易类别、账户余额和披露建立预期;注册会计师在审计项目的早期和内审部门的适当人员建立联系并在审计过程中持续保持沟通,可以使双方有效共享信息,可能能够获取与用作审计证据的文件或答复的可靠性相关的信息;如果实施进一步审计证据获取的审计证据或新信息,与注册会计师之前作出风险评估所依据的审计证据不一致,注册会计师应当修正风险评估结果,并相应修改原计划实施的进一步审计程序。

3. 保持职业怀疑意味着不能仅获取最简单直接能获得的证据来印证管理层的认定,还要充分考虑其他审计证据。因此,在设计和实施审计程序应对重大错报风险时:

(1) 对于风险较高的领域,考虑是否需要获取更多的审计证据或获取更为相关或可靠的审计证据,例如,更多地从第三方获取审计证据或从多个独立来源获取相互印证的审计证据;

(2) 设计和实施实质性分析程序,包括评价注册会计师作出预期值时使用数据的可靠性,对与预期值差异较大或与其他相关信息不一致的异常波动或关系保持警觉,并跟进调查;

(3) 不能以书面声明替代本应获取的其他审计证据;

(4) 不能仅将通过询问程序获取的审计证据作为充分、适当的审计证据；

（5）针对诸如管理层不允许寄发询证函、询证函回函反映出不一致或对回函可靠性产生疑虑的情况，制定恰当的应对措施，以获取充分、适当的审计证据。

4. 注册会计师在评价审计证据形成审计意见，并就财务报表是否存在重大错报得出结论时，需要采取质疑的思维方式审慎评价审计证据。注册会计师需要考虑所有的相关审计证据，不管是能够印证财务报表认定的证据还是与之相矛盾的证据。

在形成审计意见时需要注册会计师运用职业怀疑的例子有：

（1）评价未更正错报，包括从定性和定量两方面进行考虑，评价识别出的未更正错报单独或汇总起来是否导致财务报表发生重大错报。

（2）评价管理层偏向，这包括评价会计估计的潜在偏向，选择和运用会计政策时的偏向，对识别出的错报作出选择性的更正等。在评价管理层的偏向时，注册会计师考虑管理层操纵财务报表的动机和压力是非常重要的。

（3）考虑注册会计师未能获取充分、适当的审计证据对审计意见的影响。

（4）评价财务报表是否实现了公允反映，包括考虑财务报表的整体列报、结构和内容是否合理，以及财务报表（包括相关附注）是否公允地反映了相关交易和事项。

三、制药企业营销费用和固定资产减值审计案例

（一）公司情况

丙公司是由在日本注册的 A 公司（占 51% 股份）和在中国注册的

B公司（占49%股份）于2002年在中华人民共和国浙江省成立的中外合资经营企业。公司经营期限为50年，主要从事消化道临床营养产品的生产以及销售。

近年来，医药分家、医疗保险改革、药品集中招标等对制药企业影响巨大。制药企业的营销费用大幅度增加。而药企商业行贿事件的爆发加大了政府对医药行业的监管力度，医药行业合规性风险激增。丙公司2013—2015年业务宣传费及会务费合计均超过了2亿元，占三年营业收入的比例大致为16%，而占到三年净利润的比例更是分别达到了52%，58%及63%（详见表3-1）。丙公司的消化道产品的国内市场占有率约为1/3，国外市场占有率超过65%。2014年，公司拥有员工约3 000人，其中，销售人员约1 800人。每年A集团的内部审计都会来访丙公司并进行特定项目的内部审计，2015年内部审计的项目是营业费用的合规性。

丙公司2013—2015年主要财务数据及主营业务经营情况如表3-1所示。

表3-1　　　　丙公司2013—2015年主要财务数据　　　　单位：万元

项目	2015年度	2014年度	2013年度
营业收入	254 400	215 326	176 526
毛利	147 552	133 502	107 680
毛利率	58%	62%	61%
营业利润	64 416	71 184	66 556
利润总额	65 602	70 714	65 440
净利润	54 450	59 400	54 316
净利率	21%	28%	31%
其中：业务宣传费及会务费	34 304	34 452	28 244
占营业收入的比例	13%	16%	16%
占净利润的比例	63%	58%	52%
项目	2015年12月31日	2014年12月31日	2013年12月31日
总资产	310 964	280 050	256 680
总负债	114 584	109 798	93 896
所有者权益	196 380	170 252	162 784

2004年开始,丙公司产品在全球申请注册。截至2014年底,公司的产品已在多个国家注册,实现产品出口韩国、美国、新西兰、澳大利亚等10个国家和地区。目前我国国内的药品注册证分为三种:

(1) 国产药品注册证:大陆药品生产企业所生产药品的注册证。

(2) 医药产品注册证:港澳台地区药品生产企业所生产药品的注册证。

(3) 进口药品注册证:其他国家和地区药品生产企业所生产药品的注册证。

丙公司的主推新产品X获取了进口药品注册证,国产药品注册证尚在申请过程中,所以目前在国内销售的X都是从日本关联方进口半成品,然后在国内包装后出售的。而公司自己生产的X产品在日本取得了药品注册证,所以丙公司生产的X产品只能销往日本,而不能在国内销售。

(二) 注册会计师实施的主要审计程序

1. 针对丙公司发生的营销费用,注册会计师实施了如下审计程序:

(1) 获取2015年内部审计人员来访丙公司的内部审计报告,检查内部审计人员的发现及结论,发现内部审计人员的下列发现与财务报表审计相关:

①部分学术会议、药品宣传会议安排在国内外的名胜地召开,如三亚、云南、泰国等地,这与集团费用政策中各种营销会议、学术会议避免选择名胜地或铺张奢侈的地点的规定相违背;

②部分会议费用的报销只附有一张由旅行社开出的总金额发票,未附有原始小票和相关的费用明细清单作为支撑,这也与集团费用政策相违背;

③学术会议签到表中的多个签名字迹相仿,经电话询问签到表中

所列出席的医生后发现部分医生并未实际出席该会议,会议的规模存在虚报可能;

④发现几个会议报销所附的现场照片出现重复的情况。

(2)基于内部审计人员的发现,注册会计师对内部审计人员已经检查过的样本进行复核,选取其他类似样本进行控制测试,发现同样的问题也出现在被测试的其他类似样本中。

(3)基于内部控制测试发现的偏差,注册会计师认为与营销费用相关的内部控制运行无效,扩大了营销费用细节测试的样本量。在凭证测试中发现所有的业务宣传费、会务费均附有正规的发票,大多数为旅行社或酒店开出的会务费发票,一张发票包括所有的费用,但是没有明细清单及原始小票,也没有费用使用的说明。

2. 针对固定资产的减值风险,注册会计师实施了如下审计程序:

(1)判断固定资产是否存在减值迹象,丙公司2013—2015年的销售毛利率都在60%左右,净利率也达到了20%以上,从总体盈利性来看不存在减值迹象。

(2)实地勘察固定资产的运行状态,发现X产品的生产线处于停工状态。该生产线2013年初购入,预计使用寿命10年,原值2亿元,累计折旧5 000万元,净值15 000万元。管理层告知注册会计师,丙公司计划对该条生产线进行改造以提升性能并提高产能至原先的2倍,将用于生产国内销售的X产品,改造活动将在预计拿到国产药品注册证的前半年开始,改造后预计该生产线将继续使用5年。因此,基于集团全球性产能分配的安排,从2015年10月开始公司不再生产X产品,从2016年开始X产品的出口也将停止。丙公司在2015年10月停止了对该生产线计提折旧,将其转入在建工程,截至2015年底未对固定资产计提减值准备。

(3)由于药品的销售需要取得药监局的药品注册证,注册会计师询问了丙公司注册部负责人目前 X 产品的国内注册进度。X 产品的国产药品注册证申请程序从 2015 年初就开始了，从国内申请的一般进度来看，3 到 7 年的注册周期都属于正常范围，丙公司国产 X 产品的注册最快会在 2018 年拿到注册证，无法估计最慢的取得时间，从目前的注册进度来看，最可能在 2020 年取得注册证。

（4）获取了管理层关于 X 产品的财务预算，预算中显示 2020 年 X 产品的息税折旧前利润（EBITDA）将达到 10 160 万元，2021—2024 年以每年 5% 的比例逐年上升（详见表 3-2）。管理层认为折算的现金流量现值高于生产线的净值，所以无需计提减值准备。

（5）注册会计师基于表 3-2 中经批准的财务预算，对 X 产品的现金流预算计算过程进行了测试，没有发现异常，认可了管理层关于无需对 X 产品生产线计提减值准备的结论。

表 3-2　　　　　　丙公司 X 项目财务预算　　　　　　单位：万元

项目	2020 年度	2021 年度	2022 年度	2023 年度	2024 年度
营业收入	50 800	53 340	56 008	58 808	61 748
毛利	30 480	32 004	33 604	35 284	37 048
EBITDA	10 160	10 668	11 202	11 762	12 350

（三）思考题

1. 对于营销费用的真实性和合规性，注册会计师是否应提出质疑？

2. 营销费用的控制测试存在偏差，注册会计师应当如何应对？营销费用的控制运行无效对被审计单位财务报表的公允表达可能会产生哪些影响？是否存在由于舞弊导致的财务报表重大错报风险？

3. 注册会计师结合营销费用审计结果，判断虽然营销费用存在控制运行无效，但所有的费用凭证均有支持性文件，对财务报表数据无实质性影响，你同意这种专业判断吗？

4. 停产的 X 产品生产线是否存在减值迹象？

5. 管理层关于无需对 X 产品生产线计提减值准备的结论适当吗？

（四）思考题解答

1. 对于营销费用的真实性和合规性，注册会计师是否应提出质疑？
问题解析：

注册会计师应当提出质疑。从内部审计师的发现以及注册会计师发现的营销费用的多个控制测试偏差来看，注册会计师有责任在整个审计过程中保持职业怀疑，对营销活动即营销会议及学术会议是否真实存在、上报会议规模的真实性保持怀疑态度并提出质疑。

2. 营销费用的控制测试存在偏差，注册会计师应当如何应对？营销费用控制运行无效对被审计单位财务报表的公允表达可能会产生哪些影响？是否存在由于舞弊导致的财务报表重大错报风险？

问题解析：

《中国注册会计师审计准则第 1231 号——针对评估的重大错报风险采取的应对措施》第十七条规定，如果发现拟信赖的控制出现偏差，注册会计师应当进行专门查询以了解这些偏差及其潜在后果，并确定：

（1）已实施的控制测试是否为信赖这些控制提供了适当的基础；

（2）是否有必要实施追加的控制测试；

（3）是否需要针对潜在的错报风险实施实质性程序。

在本例中，虽然注册会计师基于控制测试存在偏差判定控制运行无效，也扩大了细节测试的样本量，但在内审发现控制偏差且扩大测试仍印证有系统性偏差存在的情况下仍未提高警觉，并没有保持应有的职业怀疑，注册会计师应在对行业特点和经营环境进行了解的基础上对导致这些控制偏差的根本原因和潜在影响进行深入分析和评估。

营销费用的控制无效显示丙公司的营销活动可能存在舞弊或违法违规行为，结合频频曝光的医药行业商业贿赂丑闻，注册会计师应保持高度敏感性及警惕性。医药行业普遍存在的商业贿赂方式为利用会务费、劳务费、学术费、差旅费等多种形式以票充账，进行返利、赠送、套现、商业贿赂，套取账外资金，形成账外小金库，将不合法的支出披上合法的外衣。对财务报表的影响为虚增了费用，减少了当期利润以偷逃税款。商业行贿这种违法行为可能导致被审计单位面临罚款、诉讼或其他对财务报表产生重大影响的后果，甚至影响公司的持续经营能力。

此外，系统性的内部控制偏差的存在也代表着管理层参与此类行为的可能性及风险明显上升，进而会影响注册会计师对整体舞弊风险的评估，导致需要对原审计策略作出调整，并执行追加审计程序。

3. 注册会计师结合营销费用审计结果，判断虽然营销费用控制无效，但所有的费用凭证均有支持性文件，对财务报表无实质性影响，你同意这种专业判断吗？

问题解析：

注册会计师的判断存在重大问题。营销费用的控制偏差显示丙公司的营销活动很可能存在舞弊及违法违规行为。注册会计师有责任对财务报表整体是否存在由于舞弊或错误导致的重大错报获取合理保证，根据具体情况实施追加审计程序，获取充分、适当的审计证据，并根据证据评价结果出具适当的审计报告。如果认为财务报表存在舞弊导致重大错报，或虽认为存在舞弊但无法确定其对财务报表的影响，注册会计师应当根据第1141号准则的要求，评价这两种情况对审计的影响，并采取进一步措施。如果注册会计师决定继续执行审计业务，在本案例所示的情况下，根据第1141号准则的要求，具体的应对措施可能包括：

第四十四条　如果识别出舞弊或获取的信息表明可能存在舞弊，注册会计师应当及时将此类事项向适当层级的管理层通报，以便管理层告知对防止和发现舞弊事项负有主要责任的人员。

第四十五条 如果确定或怀疑舞弊涉及下列人员，注册会计师应当及时将此类事项向治理层通报，除非治理层全部成员参与管理被审计单位：

（1）管理层；

（2）在内部控制中承担重要职责的员工；

（3）其他人员（在舞弊行为导致财务报表重大错报的情况下）。

如果怀疑舞弊涉及管理层，注册会计师应当将此怀疑向治理层通报，并与其讨论为完成审计工作所必需的审计程序的性质、时间安排和范围。

第四十六条 如果根据判断认为还存在与治理层职责相关的、涉及舞弊的其他事项，注册会计师应当就此与治理层沟通。

第四十七条 如果识别出舞弊或怀疑存在舞弊，注册会计师应当确定是否有责任向被审计单位以外的机构报告。

4. 停产的 X 产品生产线是否存在减值迹象？

问题解析：

X 产品生产线存在减值迹象。X 国产药品注册证取得时间的不确定性给这条生产线的未来经济利益带来不确定性。生产线的长期停工也表明该设备可能无法为企业带来预期经济利益流入，或者带来的经济利益小于其账面价值。

5. 管理层关于无需对 X 产品生产线计提减值准备的结论适当吗？

问题解析：

管理层关于无需对 X 产品生产线计提减值准备的结论可能是不适当的。

管理层的预算是基于未来对该生产线进行改造并扩大产能延长使用时间的基础上作出的。根据《企业会计准则第 8 号——资产减值》

第十二条规定，预计资产的未来现金流量，应当以资产的当前状况为基础，不应当包括与将来可能会发生的、尚未作出承诺的重组事项或者与资产改良有关的预计未来现金流量。所以如果未对该生产线进行改造，该生产线按照原先设定的使用年限，只能生产到 2022 年，且产量也只是预算数据的一半。根据管理层的 X 项目预算，未来的经济利益只能维持到 2022 年，息税折旧前利润（EBITDA）也只有预算的一半，未折现现金流入已经小于该生产线的账面价值（15 000 万元）（见表 3-3）。所以，被审计单位应该对该条生产线计提减值准备。

表 3-3　　　　丙公司 X 项目财务预算——未改造生产线　　　　单位：万元

项目	2020 年度	2021 年度	2022 年度	2023 年度	2024 年度
营业收入	25 400	26 670	28 004	—	—
毛利	15 240	16 002	16 802	—	—
EBITDA	5 080	5 334	5 600	—	—

（五）从上述示例中可借鉴的教训和相关的经验

1. 针对营销费用的审计，注册会计师实施的审计程序主要存在下列不足之处：

注册会计师在营销费用的审计过程中，已经通过对内部审计人员工作的了解以及执行控制测试，发现了内部控制偏差。注册会计师有责任对财务报表整体是否存在由于舞弊或错误导致的重大错报获取合理保证，注册会计师应该根据具体情况实施审计程序，获取充分、适当的审计证据，并根据证据评价结果出具适当的审计报告。

本例中，注册会计师有理由对丙公司的营销费用出现内控普遍性的无效保持职业怀疑态度，并要求被审计公司提供进一步的证据证明营销会议的真实性，如要求提供活动当天的照片或视频以证明参与人数及会议规模，获取参会人员的签到表及相关人员的联系方式，通过电话回访证明签到表中的人员确实参与了会议，或者实地察看一个已通过申请正在进行的营销会议，验证其是否真实存在，规模是否与申请相符合等。

另外，在执行营销费用凭证测试时，需要检查营销费用所附原始凭证的内容与被审计公司的产品销售或专设销售机构经费的相关性，例如旅游景点的门票费用、赴国外旅游城市的机票费用，还有金额巨大的文具费用、年会费用等。注册会计师应该考虑这些费用是否与公司的营销活动有直接相关性，考虑测试费用金额的合理性。

2. 针对固定资产减值的审计，注册会计师实施的审计程序主要存在以下不足之处：

注册会计师应该评估公司是否根据《企业会计准则第 8 号——资产减值》第十二条"预计资产的未来现金流量，应当以资产的当前状况为基础，不应当包括与将来可能会发生的、尚未作出承诺的重组事项或者与资产改良有关的预计未来现金流量"的要求进行减值测试，评估被审计公司的财务预算是否合理，被审计公司在实施长期资产减值程序过程中对会计准则的理解和所作出的会计估计是否有依据。

究其根本原因，注册会计师在此项目的审计过程中并没有保持应有的职业怀疑，在出现重大风险的明显迹象时未能勤勉尽责，而是不假思索全盘接受被审计单位提供的证据和解释。

第四章 持续经营的案例分析

一、持续经营的含义和要求

根据《中国注册会计师审计准则第1324号——持续经营》,"在持续经营假设下,财务报表是基于被审计单位持续经营并在可预见的将来继续经营下去的假设编制的"。"通用目的财务报表是运用持续经营假设编制的,除非管理层计划清算被审计单位、终止运营或别无其他现实的选择。特殊目的财务报表可以根据需要按照(或不按照)与持续经营假设相关的财务报告编制基础编制(例如,在特定国家或地区,持续经营假设与某些按照计税核算基础编制的财务报表无关)。""如果运用持续经营假设是适当的,则被审计单位对其资产和负债的记录是建立在正常经营过程中能够变现资产、清偿债务的基础上的。"

在实践工作中,"可预见的将来"一般是指资产负债表日后十二个月内。因此,持续经营假设的成立是企业财务报表的使用者正确判断企业财务状况和经营情况的基础。面对竞争日趋剧烈的市场,企业未来经营状况的不确定性变得越来越大,企业的生命力备受股东、投资者、银行、监管机构以及员工的关心。因此,对企业持续经营能力的判断变得越来越重要。

中国注册会计师协会2014年发布的《关于做好上市公司2014年

年报审计工作的通知》中指出，在财务报表审计过程中，注册会计师要特别关注 ST 公司、所处行业与当前宏观经济形势具有较强相关性的公司的持续经营能力，充分关注可能导致被审计单位持续经营能力产生重大疑虑的事项并实施进一步程序。了解管理层对其持续经营能力的评估及是否计划采取或者正在采取改善持续经营能力的相关措施，并考虑改善措施能否消除对其持续经营能力的重大疑虑，要对公司持续经营改善措施的可行性作出独立的职业判断，并考虑对审计报告意见类型的影响。

同时，在审计报告的改革中，我们也看到，新审计报告加强了审计师对被审计单位持续经营假设的关注，包括财务报表对持续经营的披露，以及在审计报告中增强审计师就持续经营所执行审计工作的透明度。由此可见持续经营审计在我们日常的审计工作中的重要性，解决审计过程中与持续经营相关审计程序面临的困境也显得尤为重要。

二、审计中面临的各种持续经营相关问题

根据企业会计准则、审计准则第 1324 号以及《中国注册会计师审计准则问题解答第 13 号——持续经营》，我们就审计中面临的各种持续经营相关问题讨论如下：

问题一：在持续经营审计中管理层的责任和注册会计师的责任各是什么？

（一）管理层的责任

1. 我国企业会计准则明确要求管理层对被审计单位持续经营能力作出专门评估，并规定了与此相关的需要考虑的事项和作出的披露。相关法律法规还可能对管理层评估持续经营能力的责任和相关财务报表披露作出具体规定。

2. 第1324号准则第五条明确指出，管理层对持续经营能力的评估涉及在特定时点对事项或情况的未来结果作出判断，这些事项或情况的未来结果具有固有不确定性。下列因素与管理层的判断相关：

（1）某一事项或情况或其结果出现的时点距离管理层作出评估的时点越远，与事项或情况的结果相关的不确定性程度将显著增加。因此，大多数明确要求管理层对持续经营能力作出评估的财务报告编制基础规定了管理层应当考虑所有可获得信息的期间。

（2）被审计单位的规模和复杂程度、经营活动的性质和状况以及被审计单位受外部因素影响的程度，将影响对事项或情况的结果作出的判断。

（3）对未来的所有判断都以作出判断时可获得的信息为基础。管理层作出的判断在当时情况下可能是合理的，但之后发生的事项可能导致事项或情况的结果与作出的判断不一致。

（二）注册会计师的责任

第1324号准则第六条指出，注册会计师的责任是，就管理层在编制财务报表时运用持续经营假设的适当性获取充分、适当的审计证据并得出结论，并根据获取的审计证据就被审计单位持续经营能力是否存在重大不确定性得出结论。

即使编制财务报表时采用的财务报告编制基础没有明确要求管理层对持续经营能力作出专门评估，注册会计师的这种责任仍然存在。

也就是说，注册会计师的责任是考虑管理层在编制财务报表时运用持续经营假设的适当性，并考虑是否存在需要在财务报表中披露的有关持续经营能力的重大不确定性。这可以从以下两个方面来理解：

（1）注册会计师在执行财务报表审计时，要考虑管理层运用持续经营假设的适当性和披露的充分性；

（2）如果存在可能导致被审计单位不再持续经营的未来事项或情

况，而审计的固有限制对注册会计师发现重大错报能力的潜在影响会加大，注册会计师不能对这些未来事项或情况作出预测。相应地，注册会计师未在审计报告中提及与被审计单位持续经营能力相关的重大不确定性，不能被视为对被审计单位持续经营能力的保证。

问题二：在计划审计工作和实施风险评估程序中注册会计师的责任是什么？

根据第1324号准则应用指南的规定，可能导致对被审计单位持续经营能力产生重大疑虑的事项或情况包括：

1. 财务方面：（1）净资产为负或营运资金出现负数；（2）定期借款即将到期，但预期不能展期或偿还，或过度依赖短期借款为长期资产筹资；（3）存在债权人撤销财务支持的迹象；（4）历史财务报表或预测性财务报表表明经营活动产生的现金流量净额为负数；（5）关键财务比率不佳；（6）发生重大经营亏损或用以产生现金流量的资产的价值出现大幅下跌；（7）拖欠或停止发放股利；（8）在到期日无法偿还债务；（9）无法履行借款合同的条款；（10）与供应商由赊购变为货到付款；（11）无法获得开发必要的新产品或进行其他必要的投资所需的资金。

2. 经营方面：（1）管理层计划清算被审计单位或终止运营；（2）关键管理人员离职且无人替代；（3）失去主要市场、关键客户、特许权、执照或主要供应商；（4）出现用工困难问题；（5）重要供应短缺；（6）出现非常成功的竞争者。

3. 其他方面：（1）违反有关资本或其他法定或监管要求，例如对金融机构的偿债能力或流动性要求；（2）未决诉讼或监管程序，可能导致其无法支付索赔金额；（3）法律法规或政府政策的变化预期会产生不利影响；（4）对发生的灾害未购买保险或保额不足。

上述列举的事项或情况不可能涵盖所有可能导致对被审计单位持续经营假设产生重大疑虑的事项或情况；同时，也不能认为当存在一项或多项所列举的事项或情况时，就必然导致被审计单位无法持续经营，对此注册会计师应当综合分析具体情况作出最恰当的职业判断，这也是持续经营审计中的一个难点。

另外，某些措施通常可以减轻这些事项或情况的严重性。例如，被审计单位无法正常偿还债务的影响，可能被管理层通过替代方法（如处置资产、重新安排贷款偿还或获得额外资本金）计划保持足够的现金流量所抵消。类似地，主要供应商的流失也可以通过寻找适当的替代供应来源以降低损失。因此，准则要求注册会计师执行充分的风险评估程序，来帮助注册会计师判断管理层运用持续经营假设是否存在重大疑虑及重大不确定性以及其对计划审计工作的影响。这些程序还能够使注册会计师更及时地与管理层讨论，包括讨论管理层的计划和针对识别出的持续经营问题的解决方案和应对措施。

在整个审计过程中，注册会计师应当始终关注可能导致对持续经营能力产生重大疑虑的事项或情况以及相关经营风险。如果识别出了上述事项或情况，除执行相应的审计程序以外，注册会计师还应当考虑其是否构成的重大错报风险。在执行风险评估程序时，注册会计师应当执行的具体步骤包括：

（1）了解被审计单位：注册会计师应当考虑是否存在可能导致对持续经营能力产生重大疑虑的事项或情况以及相关经营风险；

（2）复核管理层对持续经营能力作出的初步评估：如果管理层已经对持续经营能力作出初步评估，注册会计师应当复核该初步评估；若存在持续经营的重大疑虑，则注册会计师应当复核管理层提出的应对计划；

（3）评估重大错报风险：注册会计师应当评估识别出的事项或情况对重大错报风险评估的影响，及其对可能需要执行的进一步审计程序的性质、时间和范围的影响。

问题三：注册会计师应当如何评价管理层对持续经营能力的评估？

上述问题一中已经谈到，管理层应当定期对其持续经营能力作出分析和判断，确定以持续经营假设为基础编制财务报表的适当性。因此，评价管理层对持续经营能力的评估是注册会计师的一项重要工作。

根据第1324号准则第十一条规定，注册会计师应当评价管理层对被审计单位持续经营能力作出的评估。

第十二条规定，在评价管理层对被审计单位持续经营能力作出的评估时，注册会计师的评价期间应当与管理层按照适用的财务报告编制基础或法律法规（如果法律法规要求的期间更长）的规定作出评估的涵盖期间相同。

如果管理层评估持续经营能力涵盖的期间短于自财务报表日起的十二个月，注册会计师应当提请管理层将其至少延长至自财务报表日起的十二个月。

第十三条规定，在评价管理层作出的评估时，注册会计师应当考虑该评估是否已包括注册会计师在审计过程中注意到的所有相关信息。

由于管理层的评估过程通常包括：（1）对可能导致其持续经营能力产生重大疑虑的事项或情况的识别；（2）对相关事项或情况结果的预测；（3）对拟采取改善措施的考虑；（4）最终的评估结果。那么，相应地，注册会计师应当关注管理层是如何识别可能导致对其持续经营能力产生重大疑虑的事项或情况的，所识别的事项或情况是否完整可靠，并结合注册会计师在执行其他审计程序过程中已经发现的相关信息进行综合考虑。

在有些情况下，如果被审计单位具有良好的盈利能力和历史数据，或者很容易获得外部资金支持，管理层可能无需详细分析就能对持续经营能力作出评估结果。例如，被审计单位连续几年盈利，经营活动产生的现金流量正常，管理层在评估企业持续经营能力时无需进行详细的分析，通过了解下一年度的盈利预测或者现金预算等文件就足够形成评估结果，那么注册会计师就可以很容易地就管理层运用持续经营假设编制财务报表是否适当得出结论，而无需执行进一步的审计程序来评价管理层的评估结果。

但是，在有些情况下，管理层在评估持续经营能力时需要运用一些会计假设，那么注册会计师应当考虑管理层的预测所依据的假设是否合理，并特别关注以下假设：对预测信息（包括现金流）具有重大影响的假设；特别敏感的或容易使评估结果发生逆转或巨大变动的假设；与历史趋势不一致的假设以及与同行业趋势或者市场数据明显不一致的假设等。在必要的情况下，注册会计师甚至要考虑聘请经验丰富的专家协助工作。

问题四：存在超出管理层评估期间的事项或情况时，注册会计师的责任是什么？

根据第1324号准则第十四条规定，注册会计师应当询问管理层是否知悉超出评估期间的、可能导致对被审计单位持续经营能力产生重大疑虑的事项或情况。

根据审计准则的规定，管理层的评估期间至少是自财务报表日起十二个月。但在某些情况下，管理层可能知悉在评估期间以后将会发生的事项或情况，这些事项或情况可能导致管理层在审计报告日至评估期间结束之前，采取一定的行动或措施，例如提前宣告破产等。因此，注册会计师应当询问管理层是否知悉超出评估期间的、可能导致对持续经营能力产生重大疑虑的事项或情况以及相关经营风险。

根据第1324号准则应用指南的规定，可能存在着已知的事项（预定的或非预定的）或情况，是超出管理层评估期间发生的，可能导致注册会计师对管理层编制财务报表时运用持续经营假设的适当性产生怀疑，根据准则第十条的要求，注册会计师需要对存在这些事项或情况的可能性保持警觉。由于事项或情况发生的时点距离作出评估的时点越远，与事项或情况的结果相关的不确定性的程度也相应增加，因此在考虑更远期间发生的事项或情况时，只有持续经营事项的迹象达到重大时，注册会计师才需要考虑采取进一步措施。如果识别出这些事项或情况，注册会计师可能需要提请管理层评价这些事项或情况对于其评估被审计单位持续经营能力的潜在重要性。

问题五：当识别出可能导致对持续经营能力产生重大疑虑的事项或情况时，注册会计师应当如何执行进一步审计程序？

根据第1324号准则第十五条规定，如果识别出可能导致对持续经营能力产生重大疑虑的事项或情况，注册会计师应当通过实施追加的审计程序（包括考虑缓解因素），获取充分、适当的审计证据，以确定可能导致对被审计单位持续经营能力产生重大疑虑的事项或情况是否存在重大不确定性（以下简称重大不确定性）。这些程序应当包括：

（1）如果管理层尚未对被审计单位持续经营能力作出评估，提请其进行评估；

（2）评价管理层与持续经营能力评估相关的未来应对计划，这些计划的结果是否可能改善目前的状况，以及管理层的计划对于具体情况是否可行；

（3）如果被审计单位已编制现金流量预测，且在评价管理层未来应对计划时对预测的分析是考虑事项或情况未来结果的重要因素，评价用于编制预测的基础数据的可靠性，并确定预测所基于的假设是否具有充分的支持；

（4）考虑自管理层作出评估后是否存在其他可获得的事实或信息；

（5）要求管理层和治理层（如适用）提供有关未来应对计划及其可行性的书面声明。

中国注册会计师审计准则应用指南指出，与上述审计准则第十五条的要求相关的审计程序可能包括：

（1）与管理层分析和讨论现金流量、盈利及其他相关预测；

（2）分析和讨论可获得的被审计单位最近的中期财务报表；

（3）阅读公司债券和借款合同的条款并确定是否存在违约情况；

（4）阅读股东、治理层及相关委员会会议有关财务困境的会议纪要；

（5）向被审计单位的律师询问是否存在诉讼或索赔，管理层对诉讼或索赔结果的评估以及对其财务影响的估计是否合理；

（6）向关联方或第三方确认提供或保持财务支持的协议的存在性、合法性和可执行性，并对其提供额外资金的能力作出评估；

（7）评价被审计单位处理尚未完成的客户订单的计划；

（8）针对期后事项实施审计程序，以识别那些能够改善或影响被审计单位持续经营能力的事项；

（9）确认授信合同的存在性、条款和充分性；

（10）获取并复核有关监管行动的报告；

（11）对于拟处置的资产，确定支持证据的充分性。

当然，上述列举的审计程序并不可能涵盖所有可能的情况。除了上述审计程序以外，当注册会计师识别出可能导致对持续经营能力产生重大疑虑的事项或情况时还应当：

①进一步复核管理层的应对计划。管理层的应对计划可能包括管理层变卖资产、对外借款、重组债务、削减或延缓开支或者获得新的资本（第1324号准则应用指南第十七条）。

②将最近若干期间的预测性财务信息与实际结果相比较；将本期预测性财务信息与截至目前的实际结果相比较（第1324号准则应用指南第十八条）。

③如果管理层的假设包括第三方通过放弃贷款优先求偿权、承诺

保持或提供补充资金或担保等方式向被审计单位提供持续的支持，且这种支持对于被审计单位的持续经营能力很重要，注册会计师可能需要考虑要求该第三方提供书面确认（包括条款和条件），并获得有关该第三方有能力提供这种支持的证据（第1324号准则应用指南第十九条）。

④为了支持已获取的、与管理层持续经营能力评估相关的未来应对计划及其可行性的审计证据，注册会计师可能认为获取除本准则第十五条要求以外的特别书面声明是适当的（第1324号准则应用指南第二十条）。

问题六：如何考虑审计报告和结论？

（一）被审计单位在编制财务报表时运用持续经营假设是适当的

根据第1324号准则和应用指南的要求，如果认为被审计单位在编制财务报表时运用持续经营假设是适当的，但可能导致对持续经营能力产生重大疑虑的事项或情况存在重大不确定性时，注册会计师应当考虑：（1）财务报表是否已充分披露了导致对持续经营能力产生重大不确定性的主要事项或情况，以及管理层针对这些事项或情况提出的应对计划；（2）财务报表是否已经清楚指明了可能导致对持续经营能力产生重大疑虑的事项或情况存在重大不确定性。

情况一：若注册会计师已就管理层运用持续经营假设的适当性获取充分、适当的审计证据，但存在重大不确定性，且财务报表已作出充分披露，注册会计师应当在审计报告中增加单独的部分并在该部分的标题中提及存在与持续经营相关的重大不确定性这一事实，以提醒财务报表使用者关注这一情况；并且需要满足在审计报告中列示相关信息的要求。注册会计师可以提供额外信息以对上述要求进行补充，例如：（1）解释存在重大不确定性对报表使用者理解财务报表是十分重要的；（2）解释如何在审计中应对该事项。（《〈中国注册会计师审计准则第 1501 号——对财务报表形成审计意见和出具审计报告〉应用指南》附录中的审计报告参考格式也列示了适用于所有被审计单位的有关持续经营的参考措辞,以描述财务报表责任方以及注册会计师各自与持续经营相关的责任。)

情况二:当存在多项对财务报表整体具有重要影响的重大不确定性时,在极少数情况下,注册会计师可能认为发表无法表示意见是适当的,而非在审计报告中增加以"与持续经营相关的重大不确定性"为标题的单独部分。

情况三:如果注册会计师已就管理层运用持续经营假设的适当性获取充分、适当的审计证据,但财务报表未对重大不确定性作出充分披露,注册会计师应当出具保留意见或否定意见的审计报告。

(二)被审计单位不能持续经营,但财务报表仍然按持续经营假设编制

如果财务报表已按照持续经营假设编制,但注册会计师根据判断认为管理层在财务报表中运用持续经营假设是不适当的,则无论财务报表对管理层运用持续经营假设的不适当性是否作出披露,注册会计师均应发表否定意见。

(三)被审计单位不能持续经营,以其他基础编制财务报表

如果在具体情况下运用持续经营假设是不适当的,管理层可能被要求或自愿选择按照其他会计基础(如清算基础)编制财务报表。

注册会计师可以对财务报表进行审计,前提是注册会计师确定其会计基础在具体情况下是可接受的编制基础。如果财务报表中对其采用的会计基础已作出充分披露,注册会计师可以对这些财务报表发表无保留意见,但可能认为按照第 1503 号准则的规定在审计报告中增加强调事项段是适当或必要的,以提醒财务报表使用者注意其他会计基础及其使用理由。

（四）管理层拒绝对持续经营能力作出评估或评估期间未能涵盖自资产负债表日起的十二个月

在某些情况下，注册会计师可能认为有必要提请管理层作出评估或延长评估期间。如果管理层予以拒绝，由于注册会计师可能无法获取有关管理层运用持续经营假设编制财务报表的充分、适当的审计证据（如是否存在管理层提出的应对计划或其他缓解因素的审计证据），注册会计师发表保留意见或无法表示意见可能是适当的。

三、持续经营假设审计案例

案例1：

（一）公司情况

1. 公司概况。

丁公司原系A股上市公司，属于应用软件服务行业，公司主要业务范围包括研制、开发、销售手机软件及配套系统、提供软件制作及软件售后服务。因2006年、2007年、2008年连续三年亏损，股票于2009年7月24日被上交所暂停上市。2012年10月23日起公司进行重整，2013年7月27日，公司制订的重整计划获深圳中院批准，重整程序终止。2014年3月16日召开的公司2014年第1次临时股东大会审议未通过《关于解决公司原大股东占用公司资金的历史遗留问题的议案》和涉及公司发行股份购买资产的重组方案等议案，2014年11月13日召开的公司2014年第2次临时股东大会再次审议仍未能通过上述议案。2015年4月8日，公司股票在深圳证券交易所终止上市。2015年6月，公司股票在全国中小企业股份转让系统挂牌。公司股票进入全国中小企业股份转让系统后，公司挂牌后继续停牌，按照破产重整及证监会相关要求，积极寻找重组方，继续推动重大资产重组。2016

年公司已寻求到有意向重组方，并于 2016 年 6 月与丁公司第一大股东戊公司、重组方己公司第一大股东及实际控制人签署了《股份转让、重大资产出售及发行股份购买资产之框架协议》，该框架协议经 2016 年 6 月 27 日上午以通信方式召开的公司董事会会议审议通过。

截至 2015 年 12 月 31 日，丁公司的股本结构如表 4-1 所示。

表 4-1

项目	数量（股）	比例（％）
一、有限售条件股份	54 350 100	28.71
1. 国家持股	—	—
2. 国有法人持股	10 785 750	5.70
3. 其他内资持股	43 564 350	23.01
其中：境内法人持股	41 434 831	21.89
境内自然人持股	2 129 519	1.12
4. 外资持股	—	—
其中：境外法人持股	—	—
境外自然人持股	—	—
二、无限售条件股份	134 957 000	71.29
1. 人民币普通股	134 957 000	71.29
2. 境内上市的外资股	—	—
3. 境外上市的外资股	—	—
三、股份总数	189 307 100	100

丁公司破产企业财产处置专用账户中的股票数为 35 867 057 股，比例为 18.95%，由破产重整管理人控制，管理人只能严格按照重整计划的规定予以处置，在持有全部或部分标的股份期间，管理人并非标的股份实际权利人，不行使标的股份所对应的公司股东的财产权利和身份权利（包括但不限于表决权、利益分配请求权等）。

戊公司持有丁公司股份 14 506 440 股，持股比例为 7.66%，为丁公司第一大股东，张三持有戊公司 51% 的股份，为丁公司实际控制人，控制关系如图 4-1 所示。

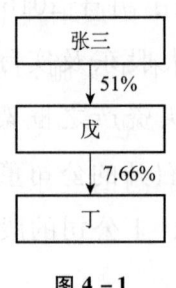

图 4-1

丁公司目前已无主营业务活动，管理层为恢复持续经营能力采取的措施包括：

（1）为保证重整工作顺利进行，戊公司已根据重整计划向破产重整管理人账户支付现金 2 500 万元，用于维持公司在资产注入完成前所必要的运营、管理费用，支付重整费用，以及清偿债务所需的资金。

（2）丁公司于期后引入了符合条件的重组方。

（3）公司董事会及董事会成员无终止公司经营、进行清算的计划，也未获知相关的股东要求对公司进行清算的有关信息。

公司股票进入全国中小企业股份转让系统后，公司将由重组方注入符合国家产业政策，经营业绩突出的优良资产。如重组成功公司将摆脱困境，恢复持续经营能力，以改善公司经营环境，实现公司健康、可持续的发展。因此，丁公司继续按持续经营假设编制了财务报表。

2. 《股份转让、重大资产出售及发行股份购买资产之框架协议》的主要内容包括：

（1）丁公司本次交易的整体方案包括：①丁公司将其部分资产、业务和负债转让予子公司，再将子公司股权出售给戊公司或其指定的公司（简称重大资产出售）；②丁公司向重组方己公司全体股东发行股份购买其持有的全部己公司股份（简称发行股份购买资产）；③戊公司、丁公司同意由己公司股东无偿受让丁公司破产企业财产处置专用账户剩余 35 867 057 股丁公司股份（简称股份转让）。前述三项交易同时生效，互为前提，任何一项内容未获得中国政府主管部门或证券监管机构批准而无法付诸实施，则三项交易均不予实施，在按照协议约定完成股份转让和重大资产出售之前，将不会实施发行股份购买资产的交易。

（2）如果根据证券监管部门的要求，发行股份购买资产触发上市公司要约收购义务，则戊公司承诺届时将无条件配合重组方取得证券监管部门关于豁免要约收购义务的批准，包括但不限于丁公司股东大会对此事项投赞成票。

（3）为实现丁公司重新上市之目的，戊公司承诺并保证在本次交易完成前，丁公司符合深交所重新上市的相关条件和要求，包括但不限于：①丁公司2014年1月1日起至本次交易完成前无重大违法行为，财务会计报告无虚假记载；②丁公司2015年度会计年度的财务会计报告被出具标准审计报告；③丁公司2015年度经审计的净利润为正值（净利润以扣除非经常性损益前后较低者为计算依据）。

（4）重组方己公司实际控制人承诺，己公司符合丁公司破产重整环节决定重组方的各项条件，包括符合国家产业政策；净资产估值不低于10亿元人民币；重组后三年内每年净利润不低于1.25亿元；以置入资产向丁公司归还原大股东占款0.71亿元以及为丁公司提供流动性支持以偿还戊公司垫付的重组费用2 500万元等。

3. 注册会计师组织审计情况。

自2011年起，丁公司一直聘请蓝天会计师事务所负责年度财务报表审计。2015年4月，注册会计师对该公司2014年度财务报告出具了带强调事项段无保留意见的审计报告，强调事项段为：我们提醒财务报表使用者关注：如"附注九"所述，丁公司与重组方解除《发行股份购买资产协议》《发行股份购买资产之盈利预测补偿协议》等重大资产重组相关文件后，丁公司将继续推动重大资产重组。丁公司已在财务报表附注九中披露了恢复持续经营能力采取的措施。由于新的重组方案尚在筹划中,丁公司持续经营能力仍存在重大不确定性。于2016年4月,注册会计师对该公司2015年度财务报告出具了标准无保留意见的审计报告。

(二) 注册会计师实施的主要审计程序

2015年年报审计工作中,注册会计师在计划阶段对公司的持续经营能力进行了项目组内部讨论;实施了风险评估程序,将持续经营能力风险评估为重大错报风险;对公司的持续经营能力与公司管理层和治理层进行沟通,并获取了管理层出具的《关于持续经营能力的说明》;获取了公司与重组方签订的《股份转让、重大资产出售及发行股份购买资产之框架协议》及2016年4月27日公司董事会通过《股份转让、重大资产出售及发行股份购买资产之框架协议》的决议。

蓝天会计师事务所实施了上述程序及获取了上述证据后,注册会计师认可了丁公司管理层的持续经营假设,对2015年度财务报告出具了标准无保留意见的审计报告。

(三) 思考题

1. 注册会计师针对丁公司持续经营能力实施的审计程序是否充分?获取的审计证据是否恰当?

2. 若上述问题答案为否,请详细阐述注册会计师应当实施的进一步的审计程序可能包括哪些?

3. 注册会计师对丁公司2015年度财务报告发表的审计意见是否恰当?

(四) 思考题解答

1. 注册会计师针对丁公司持续经营能力实施的审计程序是否充分?获取的审计证据是否恰当?

问题解析:

根据背景资料介绍,丁公司目前已停止生产经营活动,关于公司持续经营能力的评价，丁公司董事会认为"如果能尽快确立有意向重组方，通过破产重整彻底理清债务，通过资产注入提高持续经营能力后公司将迎来可持续发展的新局面"，同时，丁公司董事会认为"由于重组工作本身存在较多的不确定性，公司无法保证重组工作一定能按照计划如期完成"。显然，注册会计师可以自此识别出导致对持续经营能力产生重大疑虑的事项显示存在持续经营的重大不确定性。根据审计准则的要求，当识别出可能导致对持续经营能力产生重大疑虑的事项或情况时，注册会计师应当执行进一步审计程序。而蓝天会计师事务所仅仅与公司管理层和治理层沟通并阅读相关协议显然是不够的。因此，注册会计师针对丁公司持续经营能力实施的审计程序不够充分，获取的审计证据不恰当。

2. 若上述问题答案为否，请详细阐述注册会计师应当实施的进一步的审计程序可能包括哪些？

问题解析：

根据第 1324 号准则及其应用指南的要求，注册会计师针对重大资产重组事项存在的不确定性，应当追加以下审计程序（包括考虑缓解因素），获取充分、适当的审计证据，以确定是否存在重大不确定性，例如：

（1）管理层对被审计单位持续经营能力作出的评估可能不恰当，应提请其重新进行评估；

（2）评价管理层与持续经营评估相关的未来应对计划，这些计划的结果是否可能改善目前的状况，以及管理层的计划对于具体情况是否可行，这些计划的目前进展情况等；

（3）如果被审计单位已编制现金流量预测，且对预测的分析是评价管理层未来应对计划时所考虑的事项或情况的未来结果的重要因素，评价用于编制预测的基础数据的可靠性，并确定预测所基于的假设是否具有充分的支持，预测中存在哪些重大不确定因素，对持续经营假设的影响程度等；

（4）考虑自管理层作出评估后是否存在其他可获得的事实或信息；

（5）要求管理层和治理层提供有关未来应对计划及其可行性的书面声明。

3. 注册会计师对丁公司 2015 年度财务报告发表的审计意见是否恰当？

问题解析：

丁公司 2015 年度财务报表未充分披露重大资产重组工作存在的不确定性风险的影响。注册会计师也并未提请管理层对该不确定因素进行披露而直接出具了标准无保留意见。因此，蓝天会计师事务所出具的审计报告是不恰当的。

根据审计准则的规定，注册会计师应当根据获取的审计证据，运用职业判断，确定是否存在可能导致对被审计单位持续经营能力产生重大疑虑的事项或情况。如果认为运用持续经营假设适合具体情况，但存在重大不确定性，应当确定：

（1）财务报表是否已充分描述可能导致对持续经营能力产生重大疑虑的主要事项或情况，以及管理层针对这些事项或情况的应对计划；

（2）财务报表是否已清楚披露可能导致对持续经营能力产生重大疑虑的事项或情况存在重大不确定性，并由此导致被审计单位可能无法在正常的经营过程中变现资产和清偿债务。

（3）如果财务报表已作出充分披露，注册会计师应当在审计报告中增加单独的部分并在该部分的标题中提及存在与持续经营相关的重大不确定性这一事实，可以提醒财务报表使用者关注这一情况；并且需要满足在审计报告中列示相关信息的要求。注册会计师可以提供额外信息以对上述要求进行补充，例如：①解释存在重大不确定性对报表使用者理解财务报表是十分重要的；②解释如何在审计中应对该事项。

（4）如果注册会计师已就管理层运用持续经营假设的适当性获取充分、适当的审计证据，但财务报表未对重大不确定性作出充分披露的情况，注册会计师应当出具保留意见或否定意见的审计报告。

案例2：

（一）公司情况

庚公司属于食品加工业，子公司17家，联营单位5家，合营单位1家。其许可经营范围包括：其他食品（烟酒除外）的销售；畜禽屠宰加工、销售；畜禽养殖销售；种畜生产、销售（仅限所属分支机构经营）。其一般经营项目包括：农业种植；农副产品的加工、销售；机电产品、金属材料、建筑材料、五交化产品、办公用品、服装鞋帽、针纺织品、工艺美术品的销售；农机修造；棉花经营；木器加工；出国（境）举办经济贸易展览；房屋及土地租赁。公司主要产品为蓝莓酱及蓝莓酱制品，提供的主要劳务为代理进口钢材、设备及代理出口。

公司受国家信贷紧缩政策及2012—2013年连续两年亏损资信下降等因素的影响，融资能力大幅减弱。公司负债较高，财务负担沉重，产品销售不畅，自身"造血"功能不足，致使公司保证充足运营资金的难度越来越大。2014年，公司因无力按期清偿到期债务，被迫进入破产重整程序。公司通过实施破产重整，实现了3亿元左右的破产重整收益，从而化解了暂停上市的风险。

庚公司最近三年的合并报表营业收入持续下降，2013—2015年合并营业收入分别为284 958万元、249 192万元、190 988万元；小包装制品市场持续低迷，产品供过于求，行业竞争加剧，导致产品毛利率偏低。公司原料收购价格、人工成本、运输费用持续上涨，加之产量下降以及人民币持续升值等因素的影响，致使生产运营成本居高不下，高于市场销售价，与其他同行业相比无成本竞争优势。

公司2013—2015年度主要财务数据及主营业务经营情况如表4-2、表4-3所示。

表4-2　庚公司2013—2015年度主要财务数据（合并报表）　　单位：万元

项目	2013年	2014年	2015年
营业收入	284 958	249 192	190 988
利润总额	-250 476	14 888	-96 322

续表

项目	2013年	2014年	2015年
归属于上市公司股东的净利润	-230 330	12 804	-73 136
归属于上市公司股东的扣除非经常性损益净利润	-233 132	-101 976	-75 668
经营活动产生的现金流量净额	-181 156	-5 662	69 068
项目	2013年12月31日	2014年12月31日	2015年12月31日
资产总计	890 034	745 232	541 090
其中：流动资产	460 134	346 436	199 954
应收账款	75 518	47 222	27 300
负债合计	875 660	701 706	592 066
其中：流动负债	737 118	688 452	559 734
所有者权益	14 374	43 526	-50 978

表4-3　　庚公司2013—2015年度主营业务经营情况　　单位：万元

项目	2013年			2014年			2015年		
	主营业务收入	主营业务成本	毛利率	主营业务收入	主营业务成本	毛利率	主营业务收入	主营业务成本	毛利率
大桶原料酱	66 804	74 986	-12.25%	76 728	51 414	32.99%	96 416	86 660	10.12%
小包装制品	172 972	173 534	-0.32%	155 462	144 246	7.21%	82 756	79 330	4.14%
其他	33 924	27 774	18.13%	10 056	3 820	62.01%	9 716	18 602	-0.009146
合计	273 704	276 294	-0.95%	242 244	199 480	17.65%	188 888	167 852	11.14%

（二）导致对公司持续经营假设产生重大疑虑的事项

1. 2014年3月，公司接到中国证券监督管理委员会某地监管局立案调查通知书，因公司涉嫌违反证券法律法规，根据《中华人民共和国证券法》的有关规定，决定对公司进行立案调查。调查内容主要涉及以前年度事项。截至庚公司2015年度财务报表批准报出日，调查尚未结束。

2. 2015年末，庚公司合并财务报表中流动资产小于流动负债的金额为359 780万元，资产负债率为109%。年末逾期短期借款8.56亿元，其中，3.32亿元逾期借款已被银行提起诉讼。

3. 庚公司最近三年持续亏损，2013—2015年归属于母公司净利润分别为-230 330万元、12 804万元（扣除当年破产重整收益等非经常性损益后，归属于母公司净利润为 -101 976 万元）、-73 136 万元。

4. 庚公司的子公司被诉利用关联交易侵犯原告利益，造成的低价销售损失 11 200 万元、出口退税损失 8 600 万元、虚增费用 2 400 万元，合计 2.2 亿元。法院委托中介机构对诉讼标的金额进行司法审计鉴定，鉴定诉讼标的金额为 2.8 亿元。截至庚公司 2015 年度财务报表批准报出日，该案件尚在审理中。对此项未决诉讼，庚公司在其 2015 年度财务报表中未确认预计负债。

5. 2015 年度，公司因继续采取"限产保价、消化库存"的措施，下属生产工厂开机率仅 50% 左右，且受原料供应不足的影响，开机工厂平均设备达产率仅在 30% 左右，实际产量只完成了年计划的 50%。

（三）注册会计师实施的主要审计程序

1. 询问公司总经理，了解庚公司的持续经营假设的适当性，并在"管理层关于持续经营评估的询问记录"底稿中将询问结果记录如下："管理层在承担经营风险、选择会计政策和作出会计估计时必须稳健，对当事人规定明确的个人责任；定期召开信息技术工作会议，研究制定发展规划，安排足够的资金和人员；管理层对财务报告的基本态度是财务报告应反映实际情况，愿意因重大错报金额而调整财务报表。"

2. 查询庚公司《关于做好 2015 年度财务预算编报工作的通知》，并得出"预算设计合理，并得到执行"的结论。

3. 编制"持续经营能力复核表"。

4. 向管理层了解到：公司的三级子公司 AA 公司于 2016 年 2 月已经被法院裁定破产；2016 年 3 月，法院已受理二级子公司 BB 公司进入破产重整程序。因这两家公司均属于严重亏损公司，且为公司的主要亏损源，公司对这两家公司采取破产及破产重整措施，将会使公司的经营状况及财务结构得到明显的改善。

基于上述审计程序的实施结果，注册会计师得出了"管理层运用持续经营假设是适当的，但持续经营能力存在重大不确定性"的审计结论，并就持续经营问题出具了带强调事项段的无保留意见审计报告。强调事项段的内容如下："庚公司 2015 年度实现净利润为 -93 768 万元，归属于母公司净利润为 -73 136 万元。截至 2015 年 12 月 31 日庚公司资产负债率高达 109%，流动负债高于流动资产 359 778 万元。庚公司已在财务报表附注中充分披露了拟采取的措施，但其持续经营能力仍然存在重大不确定性。本段内容不影响已发表的审计意见。"

5. 公司董事会针对 2015 年审计报告列示的强调事项提出的解决措施为：

（1）紧紧围绕"抓原料促增产、保质量促销售、调结构促发展"十八字生产经营方针，不断提高管控体系和目标责任考核体系的运行效果，努力降低蓝莓酱成本，提高产品质量，为促进产品销售创造条件。同时，加强内控管理和规范运作，认真开展公司管理提升活动。

（2）加强营销体系和营销队伍建设，实施高效的激励考核办法，加大自主品牌产品的研发和销售渠道的开拓，重点提高小包装蓝莓酱在国内市场的销售和市场份额，强化品牌建设和渠道建设，使之成为公司利润增长点。

（3）加强对公司低效和负效资产实施优化调整处置，盘活存量资产，提高资产利用率，进一步降低负债，优化财务结构。同时，从两端不断延伸产业链，上游重点发展蓝莓制种、育苗，下游不断丰富中高端蓝莓制品种类。

（4）进一步调整产品结构，增强公司差异化竞争优势，促进公司持续健康发展。

（5）依托兵团和股东方的大力支持，坚持资产经营与资本运营相结合的发展道路，以蓝莓产业复苏为契机，积极参与蓝莓产业整合，增强公司的话语权和控制力，努力改变蓝莓产业产能过剩无序竞争的局面，为公司做大做强蓝莓产业创造条件。

6. 其他相关情况：境外子公司 AA 公司 2015 年度的营业收入为 27 978 万元，占被审计单位合并营业收入的 14.65%。因签证原因，项目组未实施现场审计，未形成任何有关利用其他会计师工作成果的审计工作底稿，项目组也未对 AA 公司实施其他审计程序。对于该子公司在 2016 年宣告破产并拍卖资产的期后事项，项目组未实施其他审计程序。

（四）思考题

1. 就上述公司背景资料中存在的导致庚公司持续经营能力产生重大疑虑的事项或状况，请逐项判断其是否存在重大不确定性或财务报表重大错报风险，并说明注册会计师是否执行了充分的审计步骤，是否获得了充分的审计证据，以及审计结论是否适当？

2. 注册会计师了解到，子公司 AA 公司在 2016 年宣告破产并拍卖资产，子公司 BB 公司在 2016 年进入破产重整程序。管理层认为，这两家子公司均属于严重亏损公司，且为庚公司的主要亏损源，采取破产措施后，将会使庚的经营状况及财务结构得到明显的改善。注册会计师未对该期后事项实施审计程序。在上述情况下，注册会计师应当如何考虑审计意见类型？

3. 注册会计师在庚公司 2015 年度财务报表审计中，就持续经营执行的审计程序是否到位？审计结论是否恰当？

（五）思考题解答

1. 就上述公司背景资料中存在的导致庚公司持续经营能力产生重大疑虑的事项或状况，请逐项判断其是否存在重大不确定性或重大错报风险，并说明注册会计师是否执行了充分的审计步骤，是否获得了充分的审计证据，以及审计结论是否适当？

问题解析：

就公司背景资料中所述事项，分析如表 4-4 所示。

表 4-4

序号	事实情况	是否存在重大不确定性/重大错报风险	如何评价注册会计师的工作
1	庚公司因涉嫌违反证券法律法规，自2014年3月起开始接受中国证券监督管理委员会某地监管局的立案调查。截至财务报表批准报出日，调查尚未结束	是	庚公司涉嫌违反证券法律法规并被中国证券监督管理委员会某地监管局立案调查，而注册会计师仅仅通过询问总经理来了解该事项对持续经营的评估，未能就庚公司违反法规的行为获取充分信息，未判断违反法规行为对财务报表是否有重大影响，且未考虑对审计报告意见类型（保留意见或否定意见）的影响
2	2015年末，庚公司合并财务报表中流动资产小于流动负债的金额为359 780万元，资产负债率为109%。年末逾期短期借款8.56亿元，其中，3.32亿元逾期借款已被银行提起诉讼	是	注册会计师关注到了资产负债情况对持续经营的影响，特别是关注到存在逾期借款且金额重大并被银行提起诉讼的情况下，仅基于询问、了解等审计程序，得出了"管理层运用持续经营假设是适当的，但持续经营能力存在重大不确定性"的审计结论，并就持续经营问题出具了带强调事项段的无保留意见审计报告。注册会计师并未取得充分、适当的审计证据以支持上述审计结论，例如：获取并复核被审计单位未来现金流量和盈利情况的预测数据；评价公司融资能力、偿债能力，应对计划等进一步的审计步骤评价管理层对持续经营评估的结果
3	庚公司最近三年持续亏损，2013—2015年归属于母公司净利润分别为 -230 330万元、12 804万元（扣除当年破产重整收益等非经常性损益后，归属于母公司净利润为 -101 976万元）、-73 136万元	是	扣除2014年度破产重整收益等非经常性损益后，庚公司归属于母公司净利润已连续三年为负数。注册会计师执行的审计程序及获取的审计证据并不充分，不足以消除对持续经营能力的重大疑虑
4	子公司被诉利用关联交易侵犯原告利益，造成的低价销售损失11 200万元、出口退税损失8 600万元、虚增费用2 400万元，合计2.2亿元。法院委托中介机构对诉讼标的金额进行司法审计鉴定，鉴定结论为2.8亿元。截至庚公司2015年度财务报表批准报出日，该案件尚在审理中。对此项未决诉讼，庚公司在其2015年度财务报表中未确认预计负债	是	子公司的诉讼已有中介机构的司法鉴定结果，尽管未最终判决，注册会计师未就管理层不计提预计负债的判断取得充分、适当的审计证据，如律师沟通及法律意见书及其他进一步的审计程序以判断该事项是否对财务报表（包括持续经营能力）产生影响

续表

序号	事实情况	是否存在重大不确定性/重大错报风险	如何评价注册会计师的工作
5	2015年度，公司因继续采取"限产保价、消化库存"的措施，下属生产工厂开机率仅50%左右，且受原料供应不足的影响，开机工厂平均设备达产率仅在30%左右，实际产量只完成了年计划的50%	是	开工率不足、产量不足是机器设备存在减值、持续经营能力存疑的显著迹象，注册会计师未取得充分、适当的审计证据以消除对持续经营能力，以及资产存在重大减值的疑虑

2. 注册会计师了解到，子公司AA公司在2016年宣告破产并拍卖资产，子公司BB公司在2016年进入破产重整程序。管理层认为，这两家子公司均属于严重亏损公司，且为庚公司的主要亏损源，采取破产措施后，将会使庚公司的经营状况及财务结构得到明显的改善。注册会计师未对该期后事项实施审计程序。在上述情况下，注册会计师应当如何考虑审计意见类型？

问题解析：

庚公司的子公司——AA公司的年营业收入占被审计单位合并营业收入的14.65%，因此存在重大错报风险，但是注册会计师未到子公司现场实施审计，也未见利用其他会计师工作的工作底稿记录，而该子公司在2016年宣告破产并拍卖资产。同时，另外一家子公司——BB公司在2016年也进入破产重整程序。管理层认为，这两家子公司均属于严重亏损公司，且为庚公司的主要亏损源，采取破产措施后，将会使庚公司的经营状况及财务结构得到明显的改善。根据第1324号准则第十一条规定，注册会计师应当评价管理层对被审计单位持续经营能力作出的评估。而注册会计师未对这两家子公司破产重整的期后事项执行进一步的审计程序来获取充分、适当的审计证据，因此其工作不足以支持破产重整的实施可以使庚公司摆脱高负债率的困境，从而改善经营状况及财务结构的假设，无法消除庚公司的高负债、持续亏损等因素对持续经营能力的影响的重大不确定性。

3. 注册会计师在庚公司 2015 年度财务报表审计中，就持续经营执行的审计程序是否到位？审计结论是否恰当？

问题解析：

注册会计师虽然识别出了可能导致被审计单位持续经营能力产生重大疑虑的事项，例如存在重大错报的各类事项，包括高负债率、巨额亏损等，也对被审计单位管理层依据持续经营能力评估结果提出的应对计划进行了一定程度的复核，例如与管理层进行沟通来了解事实情况。但是，仍有大量可能导致对被审计单位持续经营能力产生重大疑虑的事项未被识别出，包括涉嫌违反法律法规、巨额未决诉讼、资产减值、子公司破产重整等。并且，在管理层提出的应对计划是否具体可行、考虑管理层提出的应对计划能否改善持续经营能力方面，也未能获取充分、适当的审计证据，未恰当评价对持续经营能力产生重大疑虑事项的重大不确定性，无法判断是否属于审计范围受到限制，难以消除对庚公司持续经营能力的疑虑，因此据此注册会计师得出的审计结论是不恰当的。

根据审计准则的规定，当存在多项对财务报表整体具有重要影响的重大不确定性时，在极少数情况下，注册会计师可能认为发表无法表示意见是适当的，而非在审计报告中增加以"与持续经营相关的重大不确定性"为标题的单独部分。上述案例中，注册会计师很可能应当对庚公司 2015 年度财务报表出具无法表示意见的审计报告。

（六）从上述案例中可借鉴的教训和相关经验

1. 企业会计准则明确要求管理层对被审计单位持续经营能力作出专门评估。而注册会计师必须在执行财务报表审计业务时，评估管理层运用持续经营假设的适当性和披露的充分性。

2. 在整个审计过程中，注册会计师应当始终关注可能导致对持续经营能力产生重大疑虑的事项或情况以及相关的经营风险。一旦识别出这些事项或情况，注册会计师不仅应当执行进一步的审计程序，还应当评估该事项是否存在重大不确定性，充分了解及评估管理层应对计划，并考虑相关事项对财务报表产生的重大错报风险。

3. 注册会计师应当确定管理层评估持续经营能力涵盖的期间是否符合适用的会计准则和相关会计制度的规定。如果管理层评估持续经营能力涵盖得到期间少于自资产负债表日起的十二个月，注册会计师应当提请管理层将其延伸至自资产负债表日起的至少十二个月。

4. 注册会计师应当关注管理层是如何识别可能导致对其持续经营能力产生重大疑虑的事项或情况的，所识别的事项或情况是否完整，并且结合在整个审计过程中发现的所有信息进行充分考量。

第五章 销售收入的案例分析

一、销售收入循环的特性

销售收入循环通常是企业生产经营过程中最为重要和复杂的业务循环，收入循环可能涉及的财务报表科目包括营业收入、递延收入、应收账款、预收账款、库存现金等。财务报表中所列报的这些科目隐含着管理层就下列与收入相关的认定的意思表达。

1. 发生——记录和披露的收入交易已发生，且与被审计单位有关；

2. 完整性——所有应当记录的收入交易以及相关资产负债均已记录并披露；

3. 准确性——与收入交易有关的金额及其他数据已恰当记录并披露；

4. 截止——收入交易已记录于正确的会计期间；

5. 分类和可理解性——收入交易已记录于恰当的账户，收入相关财务信息已被恰当地列报和描述，且披露内容表述清楚；

6. 存在——记录的与收入交易有关的资产和负债是存在的；

7. 权利和义务——记录的与收入交易有关的资产由被审计单位拥有，负债是被审计单位应当履行的偿还义务；

8. 计价和分摊——与收入交易有关的资产和负债以恰当的金额包

括在财务报表中,与之相关的计价或分摊调整已恰当记录。

随着经济环境的不断变化和信息技术环境的飞速发展,我们的审计客户也在不断改变经营策略并探索新的商业模式,这些都影响着销售收入循环从交易发起到完成以及账务处理的各个环节。作为注册会计师,我们必须及时跟进这些变化,在对被审计单位的经营模式、经营风险、会计核算等方面取得充分了解的基础上,计划并实施审计工作。

二、审计准则对与销售收入有关的审计程序的要求及特殊考虑

（一）了解被审计单位及其活动

对销售收入的审计应当始于对被审计单位及其活动的了解,包括对内部控制的充分了解。《中国注册会计师审计准则第1211号——通过了解被审计单位及其环境识别和评估重大错报风险》第十四条至第二十七条对此进行了规范,针对销售收入应当特别关注的方面包括:

1. 经济环境、法律和监管环境对行业的影响,是否会导致销售收入的下滑,或带来更多的竞争对手;

2. 与销售收入确认相关的会计准则是否有更新以及是否足够明确,如果所处行业对会计政策的选用存在争议,管理层是否运用了适当的会计政策;

3. 被审计单位的经营目标和战略在本年是否有变化,是否会导致销售模式和交易条款的改变;

4. 被审计单位财务业绩的衡量和评价指标与收入及利润的相关程度;

5. 被审计单位是否建立了专门机制以评估及应对与收入相关的风险;

6. 与收入相关的信息系统的建设情况，业务系统和财务系统如何处理收入交易，生成哪些关键报告，存在哪些与审计相关的自动控制；

7. 销售收入循环涉及哪些关键部门及人员，销售收入循环的流程如何，存在哪些与审计相关的人工控制，是否存在交易流程之上的监督性或补偿性控制。

（二）识别和评估重大错报风险，包括与收入相关的舞弊风险

第1141号准则第二十七条规定，在识别和评估由于舞弊导致的重大错报风险时，注册会计师应当基于收入确认存在舞弊风险的假定，评价哪些类型的收入、收入交易或认定导致舞弊风险。

如果认为收入确认存在舞弊风险的假定不适用于业务的具体情况，从而未将收入确认作为由于舞弊导致的重大错报风险领域，注册会计师应当按照第1141号准则第五十一条的规定形成相应的审计工作底稿。

第1211号准则中对特别风险的识别作出如下规定：

第二十八条 注册会计师应当在下列两个层次识别和评估重大错报风险，为设计和实施进一步审计程序提供基础：

（1）财务报表层次；

（2）各类交易、账户余额和披露的认定层次。

第三十条 作为本准则第二十八条所述的风险评估的一部分，注册会计师应当根据职业判断，确定识别出的风险是否为特别风险。在进行判断时，注册会计师不应考虑识别出的控制对相关风险的抵消效果。

第三十一条 在判断哪些风险是特别风险时，注册会计师应当至少考虑下列方面：

（1）风险是否属于舞弊风险；

（2）风险是否与近期经济环境、会计处理方法或其他方面的重大变化相关，因而需要特别关注；

（3）交易的复杂程度；

（4）风险是否涉及重大的关联方交易；

（5）财务信息计量的主观程度，特别是计量结果是否具有高度不确定性；

（6）风险是否涉及异常或超出正常经营过程的重大交易。

第三十二条　如果认为存在特别风险，注册会计师应当了解被审计单位与该风险相关的控制（包括控制活动）。

基于审计准则的上述规定，注册会计师在识别与销售收入相关的风险过程中，应当做到：

1. 假定销售收入存在舞弊风险，区分不同收入类型，判定与收入相关的哪些认定存在舞弊风险，并在工作底稿中记录判断过程和结果；

2. 通常应当将判定的收入舞弊风险识别为特别风险；如果在特定的情况下，注册会计师认为收入舞弊风险不是特别风险，需要详细说明在该情况下不判定为特别风险的原因以及判定依据；

3. 对识别的与收入有关的特别风险，了解与该风险相关的控制活动，无论在审计过程中是否准备依赖这些控制。

（三）针对评估的重大错报风险的应对

1. 在按照第1231号准则设计并实施与销售收入有关的审计程序时，对识别为特别风险的收入类型及认定，如果计划的审计程序仅为实质性程序，这些程序还应当包括细节测试；对于未识别为特别风险的收入类型及认定，也应当设计并实施实质性程序。

2. 在按照第1141号准则的要求设计和实施应对舞弊风险的审计程序（如，测试会计分录及其他调整、考虑不可预见的审计程序）时，特别关注与销售收入有关的会计处理及审计程序。

3. 对于高度依赖信息系统的企业网络销售的收入确认，对系统的了解、测试和评估是至关重要的，对控制有效性的信赖程度越高，注册会计师应当获取越有说服力的审计证据。

（1）在设计和实施控制测试时，注册会计师应当将询问与检查或观察等其他测试方法结合使用，以获取有关控制运行有效性的审计证据。同时，应当确定拟测试的控制是否依赖其他控制（间接控制），如果依赖其他控制，确定是否有必要获取支持这些间接控制有效运行的审计证据。注册会计师获取的有关控制运行有效性的审计证据应当包括相关控制在所审计期间的相关时点是如何运行的、控制是否得到一贯执行、控制由谁或以何种方式执行。

（2）在确定利用以前审计获取的有关控制运行有效性的审计证据是否适当，以及再次执行控制测试的时间间隔时，注册会计师应当考虑下列因素：

①内部控制其他要素的有效性，包括控制环境、被审计单位对控制的监督以及被审计单位的风险评估过程；

②控制特征（人工控制或自动化控制）产生的风险；

③信息技术一般控制的有效性；

④控制设计及其运行的有效性，包括在以前审计中发现的控制运行偏差的性质和程度，以及是否发生对控制运行产生重大影响的人员变动；

⑤是否存在由于环境发生变化而特定控制缺乏相应变化导致的风险；

⑥重大错报风险和对控制的信赖程度。

（3）如果确定评估的认定层次重大错报风险是特别风险，并拟信赖针对该风险实施的控制，注册会计师应当在本期审计中测试这些控制运行的有效性。

（4）在评价相关控制运行的有效性时，注册会计师应当评价通过实施实质性程序发现的错报是否表明控制未得到有效运行。但通过实质性程序未发现错报，并不能证明与所测试认定相关的控制是有效的。

（5）如果发现拟信赖的控制出现偏差，注册会计师应当进行专门查询以了解这些偏差及其潜在后果，并确定已实施的控制测试是否为信赖这些控制提供了适当的基础、是否有必要实施追加的控制测试、是否需要针对潜在的错报风险实施实质性程序。

4. 在按照《中国注册会计师审计准则第1312号——函证》的要求对应收账款实施函证程序的过程中，应当做到：

（1）注册会计师亲自确定函证范围及函证内容，如果被审计单位拒绝向部分或全部函证对象发出函证，要保持高度警觉，了解并验证管理层提出该要求的合理性。

（2）注册会计师亲自寄出并收回函证，以对函证的收发过程保持控制。

（3）对于未收到回函的应收账款，考虑未收到回函的原因是否表明该应收账款的存在性、准确性以及相关交易的发生存在风险；考虑是否有必要再次发出函证。

（4）评价回函的可靠性，例如：检查回函方地址是否与发函地址一致；检查回函方名称是否与被函证方名称一致；检查函证是否由被函证方直接寄回，还是由被审计单位人员寄出或通过被审计单位邮箱发出；检查回函是否加盖被函证方的印章，印章是否清晰；检查函证是否有经办人签字或盖章；检查是否存在不同被询证者的回函寄出站点和时间相同或相近的情况；检查是否存在不同被询证者的回函，由同一人寄出（或名字不同但手机号相同）的情况；检查是否存在不同被询证者的回函，回函单号相连或相近的情况。在必要时直接联系函证对方以证实回函信息。

5. 在按照《注册会计师审计准则第1314号——审计抽样》的要求使用审计抽样执行销售收入细节测试时，应当做到：

（1）在确定抽样总体时应当考虑审计程序的目的和抽样总体的特征，如将线上销售和线下销售合并为一个总体进行抽样以对销售收入的发生认定取得证据，可能是不适当的。

（2）在确定样本规模时，特别是在对识别为特别风险的收入类型和认定确定样本规模时，应当能够体现风险识别的结果。

（3）在选取样本时应当采用适当的方法，以保证总体中的每个抽样单元都有被选取的机会。

（4）调查识别出的所有偏差或错报的性质和原因，并评价其对审计程序的目的和审计的其他方面可能产生的影响。

6. 在按照《中国注册会计师审计准则第1323号——关联方》及其他相关审计准则的要求对与销售收入有关的关联方交易及余额设计并实施审计程序时，应当做到：

（1）在通过了解被审计单位及其环境以识别和评估重大错报风险时，关注是否存在管理层未向注册会计师披露的关联方关系及交易，且是否与销售收入循环相关。

（2）如果存在重大的与销售收入循环有关的关联方交易或余额（包括管理层已披露以及未披露但注册会计师怀疑存在的），考虑是否应当识别为特别风险；结合舞弊风险评估结果，考虑是否应当识别为与舞弊相关的特别风险。

（3）在实施审计程序的过程中，对于取得的与关联方销售有关的审计证据，如合同、关联方采购订单、关联方签署的收货单、函证回函等，要予以特别关注，考虑是否存在与销售收入发生、准确性、截止等重要认定有关的重大错报。

（4）对于重大异常交易，如被审计期间与被审计单位有重大销售交易的新客户，且不能取得充分证据证明该客户所处行业与被审计单位相关，需要考虑该客户是否为未披露的关联方，交易是否存在合理商业实质。

（5）如果存在发生在接近期末的重大销售（包括关联方销售），需要予以特别关注，考虑销售交易是否存在合理商业实质并已满足确认销售收入的所有条件。

7. 在按照《中国注册会计师审计准则第 1313 号——分析程序》及其他相关审计准则的要求对与销售收入设计并实施实质性分析程序时：

（1）无论单独使用或与细节测试结合使用，注册会计师都应当：

①考虑针对所涉及认定评估的重大错报风险和实施的细节测试（如有），确定特定实质性分析程序对这些认定的适用性；

②考虑可获得信息的来源、可比性、性质和相关性以及与信息编制相关的控制，评价在对已记录的金额或比率作出预期时使用数据的可靠性；

③对已记录的金额或比率作出预期，并评价预期值是否足够精确以识别重大错报（包括单项重大的错报和单项虽不重大但连同其他错报可能导致财务报表产生重大错报的错报）；

④确定已记录金额与预期值之间可接受的，且无需按第 1313 号准则第七条的要求作进一步调查的差异额。

（2）在临近审计结束时，注册会计师应当设计和实施分析程序，帮助其对财务报表形成总体结论，以确定财务报表是否与其对被审计单位的了解一致。

（3）如果按照准则的规定实施分析程序，识别出与其他相关信息不一致的波动或关系，或与预期值差异重大的波动或关系，注册会计师应当询问管理层,并针对管理层的答复获取适当的审计证据,根据具体情况在必要时实施其他审计程序,以调查这些差异。

8. 根据准则的要求,以下相关的审计程序和审计证据应形成审计工作底稿:

(1)针对评估的财务报表层次重大错报风险采取的总体应对措施,以及实施的进一步审计程序的性质、时间安排和范围;

(2)实施的进一步审计程序与评估的认定层次风险之间的联系;

(3)实施进一步审计程序的结果,包括在结果不明显时得出的结论;

(4)如果拟利用在以前审计中获取的有关控制运行有效性的审计证据,注册会计师应当记录信赖这些控制的理由和结论;

(5)审计工作底稿应当能够证明财务报表与其所依据的会计记录是一致的或调节相符的。

三、销售收入案例

(一)公司情况

辛公司是一家新三板挂牌公司,公司于2016年8月取得了中国证券监督管理委员会下发的《证券投资咨询业务资格证书》,主营业务是为用户提供各种应用软件产品,服务内容主要是提供金融决策信息(如向股民提供各种金融信息),服务期限分为有约定和无约定两类,约定的服务期限大部分为1年,少部分为1年以上。

辛公司属于金融信息服务行业,公司的收入确认会计政策规定:提供金融信息服务前向客户收取全部款项;有约定服务期间的,在提供服务的期间内分期确认收入;无约定具体服务期间的,收款当期确认收入。

公司销售主要采用网络销售，网络销售不存在销售时与各客户签订书面合同的情况，电子合同协议的范本公示于公司网站，主要收款方式为银行银联、支付宝等，日常业务核算及会计处理高度依赖信息系统，如收入的分期结转确认等关键控制。

公司的销售模式为：业务员对客户在公司网站上下单并付款的交易，通过实时核对银行交易记录确认款项是否收到、金额是否准确。在确认收到款项后，业务员提交订单申请，下单员核对无误后确认下单，同时，相关客户的软件使用权限也开通，并开始计算服务期间。

公司的销售收入会计处理为：收到客户支付的款项时，对于没有约定服务期间的，直接借记"银行存款"，贷记"主营业务收入"科目；对于有约定服务期间的，根据收到的款项金额借记"银行存款"，贷记"预收账款"科目，每月末由业务核算系统自动按提供的服务期限分期结转收入。

（二）2016年度辛公司主营业务情况

1. 预收账款（见表5-1）。

表5-1　　　　　　　　　　　　　　　　　　　　　　　　单位：人民币万元

2015年12月31日预收账款余额	借方发生额	贷方发生额	2016年12月31日预收账款余额
4 104	8 418	25 106	20 792

2. 月度预收账款及主营业务收入（见表5-2）。

表5-2　　　　　　　　　　　　　　　　　　　　　　　　单位：人民币万元

月份	预收账款贷方发生额	每月确认收入（约定期间部分）
1	434.86	527.50
2	1 262.62	500.00
3	3 047.24	610.98

续表

月份	预收账款贷方发生额	每月确认收入（约定期间部分）
4	677.44	579.14
5	1 997.86	570.80
6	932.70	593.14
7	22.64	565.58
8	3 674.06	642.60
9	1 383.42	696.24
10	3 362.10	933.82
11	2 319.34	1 050.00
12	6 791.72	1 148.20
合计	25 106.00	8 418.00

3. 2016年度该项主营业务收入与2015年度基本持平。

4. 销售人员工资采用按业绩提成并与预收款挂钩方式，销售人员工资2016年度为5 640万元，2015年度为1 260万元；其他财务信息2016年度与2015年度基本持平。

（三）注册会计师针对主营业务收入实施的主要审计程序

1. 通过了解被审计单位及其环境，注册会计师认为2016年度公司的经营范围、业务及财务系统未发生变化，且销售收入核算比较简单，不存在与主营业务收入相关的特别风险。

2. 不拟信赖内部控制，未对公司信息技术一般控制、与收入相关的自动控制及人工控制进行了解、评价和测试。

3. 针对2016年度主营业务收入中属于"约定期间"类型且通过预收账款分期确认收入部分，注册会计师为获取与其相关的审计证据，实施了以下审计程序：

（1）核对2016年度预收账款贷方累计发生额与信息系统收款是否一致，经核对无差异。

（2）对2016年度新增的预收服务费实施分析程序，测算全年应分期确认的主营业务收入金额（例如，2016 年 1 月份被审计单位预收服务费 434 万元，则应确认的收入金额为 434 万元/12×11＝398 万元，依此类推），测算结果表明，2016 年度新增预收账款应确认收入 8 152 万元，与账面确认收入 8 418 万元相差 266 万元，未实施进一步审计程序。

（3）从业务核算信息系统中随机抽查 10 个样本（样本金额合计 20.88 万元，占 2016 年度预收款金额的 0.10%）实施细节测试，检查各样本预收账款分期确认收入金额的准确性。样本检查结果是：有 3 个样本当月收款次月开始确认收入，7 个样本当月收款当月开始确认收入。有 2 个样本重新计算的结果与软件自动计算结果存在差异，未注释差异原因，未实施进一步审计程序。

（4）核对 2016 年度预收账款借方累计发生额与信息系统当期累计分期确认收入是否一致，经核对无差异。

（四）思考题

1. 注册会计师通过对被审计单位的了解，认为该公司收入不存在特别风险，是否适当？如不适当，可能存在的收入特别风险与哪些认定相关？

2. 如何评价分析程序在该项目中的应用？注册会计师实施分析程序测算预收账款分期确认收入准确性时，该分析性程序是否构成实质性分析程序？有哪些不足之处？

3. 注册会计师随机抽取样本测试预收账款分期确认收入金额的准确性时，不足之处有哪些？实质性测试的样本量是否明显不充分？如何考虑？

4. 如您是该项目的注册会计师，面对第（2）、（3）个审计程序所呈现的样本测试误差高的情况，可以考虑实施的进一步审计程序有哪些？

5. 注册会计师采用不信赖内部控制的审计策略，同时也未对信息系统一般控制、与收入相关的自动控制及人工控制进行了解、评估和测试，是否适当？

6. 本例中注册会计师采用不信赖内部控制的审计策略，但如果假设注册会计师考虑信赖信息系统相关的内部控制来制定审计策略，根据现有资料，考虑是否存在内部控制缺陷，以及对实质性测试的影响。

7. 审计程序 3 中的钩稽关系核对是否能对收入的准确性认定带来审计信心？除了针对收入准确性认定所实施的审计程序，注册会计师是否应考虑对收入的发生、完整性、截止性和披露执行审计程序？

(五) 思考题解答

1. 注册会计师通过对被审计单位的了解，认为该公司收入不存在特别风险，是否适当？如不适当，可能存在的收入特别风险与哪些认定相关？

问题解析：

以下的分析是基于该公司按照现行的企业会计准则，未考虑新收入准则的影响。

辛公司的收入确认有两种方式，一种是"有约定服务期间的收入"，按照提供的服务期限分期结转收入；另一种是"无约定服务期间的收入"，收到支付款项时直接计入主营业务收入。公司的销售模式为，业务员对客户在公司网站上下单并付款的交易，通过实时核对银行交易记录确认款项是否收到、金额是否准确。在确认收到款项后，业务员提交订单申请，下单员核对无误后确认下单，同时，相关客户的软件使用权限也开通，并开始计算服务期间。在实施风险评估时，应考虑就这两种类型收入的风险分别予以分析，并考虑上述会计政策的选用是否适当，如"无约定服务期间的收入"，收到支付款项时是否一定是服务提供时,能否直接计入主营业务收入。

同时,考虑经济环境、法律和监管环境对行业的影响,考虑相关业务的特点。辛公司主营业务是为用户提供各种应用软件产品,如向股民提供各种金融信息。客户类型包括个人客户,相关的支付方式为银行银联、支付宝等,日常业务核算及会计处理高度依赖信息系统。

收入确认的会计政策复杂程度较高、客户分散、支付方式为网上支付等因素,都增大了对收入确认的发生、准确性等认定的审计风险。

此外,辛公司2016年度与2015年度主营业务收入基本持平,预收账款2016年末较期初增长3.68倍,销售人员工资2016年度较2015年度增长3.47倍,预收账款和销售人员工资的增长速度基本持平,但预收账款的增长并没有导致当期主营业务收入的相应增长,且2016年12月预收账款增加明显高于其他月份。2016年12月的预收账款是和"有约定服务期间的收入"相关,还是和"无约定服务期间的收入"相关?相关的服务是否已经提供?这也预示收入确认的截止性也可能存在特别风险。

通过风险评估分析,注册会计师了解到销售人员工资采用按业绩提成并与预收款挂钩方式,销售人员工资2016年度为5 640万元,2015年度为1 260万元。销售人员的业绩和预收款挂钩增加了舞弊发生的动机。根据第1141号准则第二十七条规定,在识别和评估由于舞弊导致的重大错报风险时,注册会计师应当基于收入确认存在舞弊风险的假定,评价哪些类型的收入、收入交易或认定导致舞弊风险。

综上所述,辛公司可能存在与收入的发生、准确性和截止性相关的由于错误或舞弊引起的特别风险。

需要指出的是,风险评估的过程涉及注册会计师的职业判断,如上述例子中,如果无约定服务期间的业务,在收款的同时即提供服务,那么销售确认的准确性也可能不是一项特别风险。

2. 如何评价分析程序在该项目中的应用？注册会计师实施分析程序测算预收账款分期确认收入准确性时，该分析性程序是否构成实质性分析程序？有哪些不足之处？

问题解析：

第1211号准则规定了注册会计师应将分析程序用作风险评估程序。第1231号准则规定了注册会计师针对评估的重大错报风险实施审计程序的性质、时间安排和范围，这些程序可能包括实质性分析程序。同时，第1313号准则指出注册会计师的目标是：①在实施实质性分析程序时，获取相关、可靠的审计证据；②在临近审计结束时，设计和实施分析程序，帮助注册会计师对财务报表形成总体结论，以确定财务报表是否与其对被审计单位的了解一致。

由此可见，在制订审计计划时，注册会计师运用分析程序来评估风险；在审计实施阶段，实质性分析程序是实质性程序中一种有效的方法；在审计完成阶段，实施分析程序帮助注册会计师对财务报表形成总体结论。

我们注意到：针对2016年度主营业务收入中属于"约定期间"类型且通过预收账款分期确认收入部分，注册会计师为获取与其相关的审计证据，对2016年度新增的预收服务费实施分析程序，测算全年应分期确认的主营业务收入金额（例如，2016年1月份被审计单位预收服务费434万元，则应确认的收入金额为434万元/12×11＝398万元，依此类推），测算结果表明，2016年度新增预收账款应确认收入8 152万元，与账面确认收入8 418万元相差266万元，未实施进一步审计程序。

在此，注册会计师采用的是实质性分析程序，如果执行有效，可以获取相关、可靠的审计证据。

根据第1313号准则第五条的规定，在设计和实施实质性分析程序时，无论单独使用或与细节测试结合使用，注册会计师都应当：

（1）考虑针对所涉及认定评估的重大错报风险和实施的细节测试（如有），确定特定实质性分析程序对这些认定的适用性；

（2）考虑可获得信息的来源、可比性、性质和相关性以及与信息编制相关的控制，评价在对已记录的金额或比率作出预期时使用数据的可靠性；

（3）对已记录的金额或比率作出预期，并评价预期值是否足够精确以识别重大错报（包括单项重大的错报和单项虽不重大但连同其他错报可能导致财务报表产生重大错报的错报）；

（4）确定已记录金额与预期值之间可接受的，且无需按该准则第七条的要求作进一步调查的差异额。

该准则第七条要求如果按照该准则的规定实施分析程序，识别出与其他相关信息不一致的波动或关系，或与预期值差异重大的波动或关系，注册会计师应当采取下列措施调查这些差异：（1）询问管理层，并针对管理层的答复获取适当的审计证据；（2）根据具体情况在必要时实施其他审计程序。

我们来分析一下注册会计师实施分析程序测算预收账款分期确认收入准确性时的不足之处。

辛公司提供的金融信息服务产品多数为1年服务期产品，少数在1年以上，注册会计师实施分析程序时主要存在以下不足：

（1）没有充分关注产品服务期限的不同、1年以上服务期限产品所占比例；未分析1年以上服务期限产品对分期确认收入的影响程度。

（2）测算没有考虑2016年以前形成的预收账款对2016年度分期确认收入的影响。

（3）测算分期确认收入方法与会计政策描述不符，会计政策为"有具体约定服务期间的，在提供服务的期间内分期确认收入"，而测算时统一采用当月收款次月确认收入，可能影响测算结果。

以上三项不足之处是由于注册会计师未充分考虑实质性分析程序对于特定认定的适用性，分析程序的运用建立在预期的基础上，即注册会计师对相关数据建立独立的预期，并通过分析实际金额和预期的关系进行测算，以识别重大错报。注册会计师在测算的时候没有考虑上述预期，导致预期值不能够足够精确以识别重大错报，从而使得该测试可能无效，即不能提供足够的审计证据。

（4）注册会计师没有对实质性分析程序中使用的数据的可靠性进行测试。"约定期间"类型且通过预收账款分期确认收入的数据来源是系统产生的数据，但是注册会计师并没有了解、评估测试信息系统一般控制和相关的自动控制，也没有对分析程序中使用的数据的可靠性实施细节测试。

因此，注册会计师并未考虑可获得信息的来源、可比性、性质和相关性以及与信息编制相关的控制，也未评价在对已记录的金额或比率作出预期时使用数据的可靠性。

（5）注册会计师没有对差异实施进一步的审计程序，没有分析差异产生的原因。例如，测试差异266万元的原因是什么，是由单一的原因产生的，还是由不同原因导致的？导致该差异的各项组成是否构成错报？和整体重要性水平、未更正差错水平的关系是什么？是否应考虑实施进一步的程序？

3. 注册会计师随机抽取样本测试预收账款分期确认收入金额的准确性时，不足之处有哪些？实质性测试的样本量是否明显不充分？如何考虑？

问题解析：

注册会计师从业务核算信息系统中随机抽查10个样本（样本金额合计20.88万元，占2016年度预收款金额的0.10%）实施细节测试，检查各样本预收账款分期确认收入金额的准确性。

（1）首先我们注意到，该测试的目的是检查各样本预收账款分期确认收入金额的准确性，但抽取的对象是业务核算信息系统中的样本，除了测试系统的计算是否正确，是否亦应检查业务核算信息系统中样本记录的准确性，如：收到的金额是否和预收账款一致，分摊的期间是否和合同约定的服务期一致，这些都是构成准确性的要素。同时，该细节测试依赖于业务核算信息系统，但是注册会计师并没有对业务核算信息系统的一般控制和相关的自动控制进行了解、评估和测试，导致审计证据的可靠性存疑。

（2）没有采用适当的方法确定样本规模和选取恰当样本，样本数量明显过低，测试结果无法就预收账款和销售收入总体的准确性提供充分、可靠的审计证据。

第1314号准则应用指南中指出，注册会计师通常根据金额对样本总体进行分层。这使注册会计师能够将更多审计资源投向金额较大的样本项目，而这些项目最有可能包含高估错报。同样，注册会计师也可以根据表明更高错报风险的特定特征对样本总体进行分层。即在实施细节测试的时候，注册会计师应先对样本规模和样本的特点进行分析，看是否存在金额明显高于其他样本的交易，例如可以针对高于执行重要性水平或其他特点金额的交易样本进行测试，或者针对某一类特点的交易类别（例如对某一风险较高的客户）进行测试。这一类细节测试是针对性测试，相比较统计或非统计抽样的测试方法，针对性测试在应对风险方面更加有效率。

根据第1314号准则第七条，统计抽样，是指同时具备下列特征的抽样方法：①随机选取样本项目；②运用概率论评价样本结果，包括计量抽样风险。

不同时具备以上两个特征的抽样方法为非统计抽样。

在辛公司项目中，注册会计师随机抽取了 10 个样本。根据第 1314 号准则应用指南，在确定样本量的时候应该考虑注册会计师评估的重大错报风险、针对同一认定更多地使用其他实质性程序、注册会计师对总体实际错报未超出可容忍错报的期望保证程度、可容忍错报、注册会计师预期在总体中发现的错报金额、总体中抽样单元的数量。

由于收入确认的准确性认定为特别风险，注册会计师不依赖系统控制，而执行的实质性分析程序又不可靠，那么统计抽样测试是最主要的实质性审计证据，所以期望的保证程度应该判断为高保证程度。根据总体中抽样单元的数量、可容忍误差，及预期错报来计算的样本数量明显要高于 10 个样本，所以审计证据不足够。

（3）样本检查结果显示，有 3 个样本当月收款次月开始确认收入，7 个样本当月收款当月开始确认收入。有 2 个样本重新计算的结果与软件自动计算存在差异，未注释差异原因，也未实施进一步审计程序。

（4）注册会计师未调查识别出的差异的性质和原因，也未评价其对审计程序的目的和审计的其他方面可能产生的影响，以及该差异是否构成错报。如果是错报，注册会计师应当根据样本中发现的错报推断总体错报，并评价使用审计抽样是否已为注册会计师针对所测试的总体得出的结论提供合理基础。

4. 如您是该项目的注册会计师，面对第（2）、（3）个审计程序所呈现的样本测试误差高的情况，可以考虑实施的进一步审计程序有哪些？

问题解析：

注册会计师面对检查结果呈现的样本误差率高的情况，可以考虑实施的进一步审计程序包括：

（1）对样本中出现的差异应查明具体原因。根据前面的分析，对差异的跟进要考虑不同的测试方法，审计程序（3）采用的审计抽样方法。根据第1314号准则的要求，注册会计师应当调查识别出的所有偏差或错报的性质和原因，并评价其对审计程序的目的和审计的其他方面可能产生的影响。在极其特殊的情况下，如果认为样本中发现的某项偏差或错报是异常误差，注册会计师应当对该项偏差或错报对总体不具有代表性获取高度保证。在获取这种高度保证时，注册会计师应当实施追加的审计程序，获取充分、适当的审计证据，以确定该项偏差或错报不影响总体的其余部分。如果该差异是对总体有代表性的错报引起的，那么应当根据样本中发现的错报推断总体错报。

而审计程序（2）是实质性分析程序中的差异，根据第1313号准则的要求，识别出与其他相关信息不一致的波动或关系，或与预期值差异重大的波动或关系，注册会计师应当采取下列措施调查这些差异：①询问管理层，并针对管理层的答复获取适当的审计证据；②根据具体情况在必要时实施其他审计程序。

（2）根据对差异的分析，重新评估收入确认风险。例如，首先通过检查2015年、2016年营销政策文件了解辛公司销售产品种类，并检查相关文件，了解公司收入确认的政策是否符合会计准则的规定；其次，了解公司薪酬政策，并检查销售人员薪酬计提及发放情况是否符合公司政策，分析销售人员提成发放政策与公司预收账款增长是否符合合理的预期等。根据这些分析，考虑之前设定的非特别风险可能是不合适的，并将相关风险改为特别风险。

（3）重新评估原审计计划是否适当。由于辛公司业务开展高度依赖信息系统，仅实施实质性程序并不能够提供认定层次充分、适当的审计证据，因此应当设计和实施控制测试，以获取与分期收入确认有关的信息系统一般控制、自动控制及人工控制运行有效性的审计证据，同时考虑是否需要选派信息系统审计人员加入审计项目组。（可以参考对思考题5的讨论。）

（4）重新设计测试方法，例如，对审计程序（2）中的实质性分析程序，注册会计师可以根据风险的设定以及对收入的了解，分层重新设定预期，并对数据的可靠性进行测试。对审计程序（3）中的审计抽样，注册会计师可以考虑采用增加样本量等方法。

5. 注册会计师采用不信赖内部控制的审计策略，同时也未对信息系统一般控制、与收入相关的自动控制及人工控制进行了解、评估和测试，是否适当？

问题解析：

（1）首先，注册会计师应当按照第 1211 号准则的要求，对公司的控制活动进行了解，以识别和评估重大错报风险。也就是说，即使注册会计师决定采用不信赖内部控制的审计策略，为了识别和评估重大错报风险，注册会计师应当了解和评估（可以不测试）与财务报表相关的内部控制，包括信息系统一般控制、与收入相关的自动控制和人工控制。

（2）其次，公司预收账款分期结转确认收入高度依赖信息系统，且在对收入、预收账款的实质性程序中广泛运用到系统生成的数据，对相关系统的信息系统一般控制、与收入相关的自动控制及人工控制进行了解、评估和测试，是更有效率或更有针对性的审计工作。例如，思考题 2 和 3 分别针对审计程序（2）和（3）进行讨论的时候，都提到需要对系统产生的数据的可靠性取得证据。通过对信息系统一般控制、自动控制进行测试和评估通常比直接对系统产生的数据直接执行细节测试来验证更有效。

（3）最后，在上述分析程序和细节测试中，测试结果均存在误差，且样本测算结果表明分期结转收入的入账时点存在不一致的情形，这都表明客户信息系统一般控制和自动控制存在问题的可能性比较大。该问题是否会影响其他科目和其他审计程序，注册会计师理应考虑对信息系统实施进一步测试,并在适当时与管理层及治理层进行沟通。关于这一点的考虑在思考题6中进行阐述。

6. 本例中注册会计师采用不信赖内部控制的审计策略,但如果假设注册会计师考虑信赖信息系统相关的内部控制来制定审计策略,根据现有资料,考虑是否存在内部控制缺陷,以及对实质性测试的影响。

问题解析:

在背景材料中提及,辛公司日常经营中至少使用销售网络系统、业务核算系统、财务核算系统等信息系统。如果考虑信赖内部控制,首先要对这些系统进行信息系统一般控制了解、评估和测试,在此过程中,不应仅仅因为发现某个控制缺陷的存在就认定信息系统一般控制是不可以依赖的。信息系统一般控制的缺陷需要从结果和根源上判断是否对应用控制(如自动控制和计算、报表等)和财务数据产生影响,从而直接或间接对财务报表认定产生影响。同时,注册会计师也需要判断缺陷是否会对审计策略产生影响。

首先,需要判断审计发现异常是否为一个控制缺陷。如果评估结果认定发现的异常是一个控制缺陷,则注册会计师需要评估管理层是如何获取这个控制缺陷没有被利用并造成影响的信心的。例如,可能存在有效的补偿性控制可以弥补该缺陷,注册会计师是否能证明存在有效的补偿性控制及足够的证据以降低风险。

其次,如果缺陷确实存在,且没有有效的补偿性控制可以降低系统风险,注册会计师要评估该信息系统一般控制是否会对拟信赖的应用控制产生影响。例如,注册会计师如果拟信赖业务核算系统和财务核算系统的系统链接这个应用控制,那么应该评估信息系统一般控制缺陷是否会对该系统链接产生影响。

在这种情况下,注册会计师还要评估该缺陷是否会对财务报表和数据产生影响,并重新评估对受影响的会计科目及交易进行的实质性测试程序。

7. 审计程序3中的勾稽关系核对是否能对收入的准确性认定带来审计信心？除了针对收入准确性认定所实施的审计程序，注册会计师是否应考虑对收入的发生、完整性、截止性和披露执行审计程序？

问题解析：

在审计程序3中有以下勾稽关系核对：（1）核对2016年度预收账款贷方累计发生额与信息系统收款是否一致；（2）核对2016年度预收账款借方累计发生额与信息系统当期累计分期确认收入是否一致。

参考思考题5和6的讨论，注册会计师没有对相关的信息系统一般控制、自动化的应用控制进行了解、评估和测试，而直接采用系统生成的数据，必然会影响审计证据的可靠性。

实质性测试取得的证据一般是来自第三方的证据，在辛公司的以上测试中，对准确性的信心应该是来自银行对账单或类似外部证据。核对内部系统，并且在系统数据的可靠性未经测试的情况下，无法对准确性的认定带来审计信心。

根据第1231号准则中的要求，无论评估的重大错报风险结果如何，注册会计师都应当针对所有重大类别的交易、账户余额和披露，设计和实施实质性程序。所以，除了对准确性认定实施实质性程序之外，注册会计师也要考虑对收入的发生、完整性、截止性和披露执行审计程序，而辛公司项目的注册会计师并未在设计审计程序时对收入的所有相关认定予以必要的考虑。

（六）从上述示例中可借鉴的教训和相关的经验

1. 通过了解被审计单位及其环境，认为2016年度公司的经营范围、业务及财务系统未发生变化，且销售收入核算比较简单，不存在与主营业务收入相关的特别风险。风险识别和评估过程过于简单，未能对舞弊风险的动机、压力及机会进行充分评估，并结合已发现的财务数据的异常表现/波动，正确识别与收入循环相关的特别风险。

2. 不拟信赖内部控制，未对公司信息技术一般控制、与收入相关的自动控制及人工控制进行了解和测试。未在了解被审计单位过程中对控制活动进行了解，并根据风险评估结果设计更为有效的包括控制测试和实质性程序结合的审计方案。

3. 针对主营业务收入设计和实施有效的审计程序：

（1）核对2016年度预收账款贷方累计发生额与信息系统收款是否一致。在没有对信息系统进行测试的前提下，实施此核对是不适当的，应当考虑与银行对账单或类似外部证据进行核对，以取得与预收账款存在及准确性认定有关的审计证据。

（2）对2016年度新增的预收服务费实施分析程序，测算全年应分期确认的主营业务收入金额。该分析程序未充分考虑实质性分析程序对于特定认定的适用性，分析程序的运用应建立在预期的基础上。注册会计师在测算的时候没有考虑相关的预期，如未考虑2016年以前形成的预收账款的余额，为考虑提供产品的不同服务期限，未关注到所采用的当月收款次月确认收入计算方式与公司会计政策不符的情况，此分析性程序无法对收入的准确性认定取得充分恰当的审计证据。

（3）从业务核算信息系统中随机抽查10个样本实施细节测试，检查各样本预收账款分期确认收入金额的准确性。所实施的审计程序抽样方法可能不恰当，样本量占比太小且确定样本量方向不明确，样本误差率高，未采用进一步审计程序查明误差产生的原因。

（4）核对2016年度预收账款借方累计发生额与信息系统当期累计分期确认收入是否一致，经核对无差异。在没有对信息系统进行测试的前提下，实施此核对可能是不适当的。

4. 对于新兴信息以及"互联网+行业"的审计，注册会计师应该充分考虑业务特点、数据/证据的形式等因素，设计和执行必要的有针对性的审计程序予以验证收入的发生、准确性、截止等相关认定。本案例中，注册会计师还可以考虑实施的审计程序包括：

（1）利用审计抽样的方式，选取样本，向客户进行电话访谈，验证公司向其提供服务的方式、缴费金额以及服务期限等信息。

（2）检查银行及支付宝等支付渠道的交易流水，核实交易是否为订单客户所支付，必要时可以向支付宝等类似公司进行函证。

（3）执行分析性程序，分析公司预收账款增长和波动与市场景气度是否相符；分析公司增长情况是否与同行业可比；分析公司毛利情况，是否与行业及公司实际经营情况相符。

（4）执行截止性测试，重点检查期后预收款的分摊及收入确认是否存在截止性错误。

利用业务数据验证财务数据的真实性。检查公司的客户每日通过终端接入服务器的情况，统计活跃客户情况，是否存在大量不活跃用户；通过后台系统检查客户IP情况，是否存在大量IP地址相同和接近的用户，以对收入的发生认定取得相关审计证据。

（5）其他针对业务数据涉及的信息系统审计程序，如活跃用户数量与收费用户数量的比对、软件用户下载数核对等。

第六章 股权转让交易案例分析

一、股权转让交易的特性

在当今中国经济转型及"互联网+"时代大背景下,越来越多的企业通过兼并收购寻求对外扩张发展,实现多元化经营的目的。并购交易的特性主要体现为:

1. 股权转让交易形式多样、程序复杂、交易金额往往非常重大,且通常需要经过资产评估,涉及较为复杂的会计判断及估计。

2. 根据《企业会计准则第 2 号——长期股权投资》及《企业会计准则第 20 号——企业合并》的规定进行的会计处理也较为复杂。

3. 更有一些交易方存在关联关系,涉及重大关联交易的判断以及相关会计处理及报表的披露。

4. 针对股权出售方,通过出售股权可以获取收益,从而帮助达到业绩指标,在这种情况下,股权转让交易的真实性、会计处理和财务报表披露的完整性、准确性均是注册会计师应予关注的领域,股权转让交易损益的确认对于企业财务报表的影响非常重大。

从股权出售方的角度来分析,股权转让交易可能涉及的财务报表科目包括长期股权投资、投资收益、权益科目以及相关资产负债科目等。财务报表中所列报的这些科目隐含着管理层就下列相关认定的意思表达：

（1）发生——记录和披露的股权转让交易真实发生，且与被审计单位有关；

（2）完整性——所有应当记录的股权转让交易以及相关资产负债均已完整记录并披露；

（3）准确性——与股权转让交易有关的金额及其他数据已恰当记录并披露；

（4）截止——股权转让交易，包括转让收益已记录于正确的会计期间；

（5）分类和可理解性——股权转让交易已记录于恰当的账户，交易相关财务信息已被恰当地列报和描述，且披露内容表述清楚；

（6）存在——记录的与股权转让交易有关的资产和负债是真实存在的；

（7）权利和义务——记录的与股权转让交易有关的资产由被审计单位拥有，负债是被审计单位应当履行的偿还义务；

（8）计价和分摊——与股权转让交易有关的资产和负债以恰当的金额包括在财务报表中，与之相关的计价或分摊调整已恰当记录。

5. 针对股权购买方，按照《企业会计准则第20号——企业合并》的规定，在非同一控制下的企业合并中，购买方对合并成本大于合并中取得的被购买方可辨认净资产公允价值份额的差额，应当确认为商誉。在商誉初始确认环节，合并成本计量（如是否恰当计入合并成本中的或有对价）、充分识别被购买方拥有且需在单独报表中确认的可辨认资产和负债（如合同权益、客户关系、未决诉讼、担保）等问题，都是值得关注的领域。注册会计师对相关领域进行审计时，应恰当地评估被购买方可辨认净资产公允价值，恰当地利用专家工作、检查相关会计处理和披露。

6. 对于已确认商誉的股权购买方而言，商誉后续计量环节即商誉减值往往是会计审计关注的领域，也是监管机构监管的重点。中国证券监督管理委员会于 2018 年 11 月 16 日颁发了《会计监管风险提示第 8 号——商誉减值》，该风险提示从上市公司商誉减值的会计处理及信息披露、会计师事务所对商誉减值事项的审计、评估公司与商誉减值事项相关的评估等三个方面就常见问题和监管关注进行了阐述。在该风险提示中指出相关领域的审计常见问题为：

第一，在识别和评估重大错报风险时，未充分关注并评估商誉账面金额及其减值风险的重要程度及不确定性程度，未将重大的商誉减值事项识别为重大错报风险领域，未考虑商誉减值事项的不确定性是否会导致特别风险。

第二，在设计风险应对措施时，未对重大的商誉减值事项设计有针对性的进一步审计程序。

第三，在实施进一步审计程序，尤其是进行细节测试时，未充分关注并复核公司在商誉减值测试过程中所作的各项职业判断（包括但不限于减值迹象分析、资产组或资产组组合的划分、减值测试方法和模型的确定、减值测试关键参数的选取、减值损失的分摊等）的合理性与恰当性，未识别可能存在的管理层偏向的迹象，也未充分考虑期后事项对商誉减值测试及其结论的影响。

第四，在利用专家的工作时，未恰当评价专家的胜任能力、专业素质和客观性，未就专家工作的内容达成一致意见，未充分复核并评价专家工作的恰当性及其对审计工作的支持程度，便直接依赖专家的工作成果。

第五，当商誉归属于集团的一个组成部分，且商誉减值事项的审计由组成部分会计师事务所实施时，未与组成部分会计师事务所保持充分、必要的沟通，未充分关注并评价组成部分审计工作的恰当性和审计证据的充分性与适当性。如果商誉减值是风险评估程序识别出的导致集团财务报表发生重大错报的特别风险，集团会计师事务所未复核组成部分会计师事务所对该特别风险形成的审计工作底稿。

第六，在形成审计报告时，未考虑将金额重大且涉及重大判断的商誉减值事项确定为关键审计事项，未在审计报告中充分描述关键审计事项的基本情况、应对措施，或描述的应对措施并未有效实施。

第七，在实施质量控制复核时，未充分关注并复核与商誉减值事项有关的审计程序与审计证据的充分性、适当性及职业判断与审计结论的恰当性。

第八，未充分关注公司财务报告对商誉减值相关重要信息的披露不充分，未充分关注公司年度报告中其他信息部分对商誉减值事项披露与财务报表、已获取的审计证据的重大不一致。

该风险提示也列示了相关的监管关注：

第一，在了解被审计单位及其环境以识别和评估重大错报风险时，会计师事务所应结合商誉减值事项的重要程度及不确定性程度，恰当认定其风险性质，以确定其是否为认定层次的重大错报风险。

第二，会计师事务所应根据风险评估结果制定必要、可行、有针对性的进一步审计程序，且确保所制定的审计程序得以有效落实。若认为商誉减值事项存在特别风险，会计师事务所还应当了解被审计单位与该风险相关的控制（包括控制活动）。

第三，会计师事务所应对商誉减值事项执行充分、必要的审计程序，获取充分、适当的审计证据，并详细记录关键审计程序的实施过程，尤其是记录基于判断当时知悉的情况和事实，进行推理的过程及形成的相关审计结论。具体来看：

（1）应关注并复核公司对商誉减值迹象的判断是否合理；

（2）应关注并复核公司对商誉所在资产组或资产组组合的划分是

否合理，是否将商誉账面价值在资产组或资产组组合之间恰当分摊；

（3）应关注并复核公司确定的减值测试方法与模型是否恰当；

（4）应关注并复核公司进行商誉减值测试所依据的基础数据是否准确、所选取的关键参数是否恰当，评价所采用的关键假设、所作出的重大估计和判断、所选取的价值类型是否合理，分析减值测试方法与价值类型是否匹配。若认为商誉减值事项存在特别风险，还应考虑采用敏感性分析等方法评价管理层所作判断的合理性；

（5）应关注并复核公司对商誉减值损失的分摊是否合理，是否恰当考虑了归属于少数股东商誉的影响；

（6）若以前期间对商誉进行减值测试时，有关预测参数与期后实际情况存在重大偏差的，应充分关注并复核公司管理层在作出会计估计时的判断和决策，以识别是否可能存在管理层偏向的迹象；

（7）应充分关注期后事项对商誉减值测试结论的影响；

（8）对公司未按规定实施商誉减值测试的，应结合其重要性判断是否应提请公司管理层补充进行商誉减值测试，如果管理层拒绝，应考虑未做商誉减值测试对审计意见的影响。

第四，在利用专家工作时，会计师事务所应与专家保持必要的沟通，充分关注专家的独立性和专业胜任能力，并对专家工作过程及其所作的重要职业判断（尤其是数据引用、参数选取、假设认定等）进行复核，以判断专家工作的恰当性，不得直接将专家工作成果作为判断商誉是否减值的依据。当公司或会计师事务所聘请的资产评估机构未对商誉所在资产组或资产组组合的可收回金额发表专门意见时，会计师事务所应着重考虑专家工作对审计工作的支持程度，并对专家工作成果进行必要调整，以适应财务报表审计目的。

第五，当商誉归属于集团的一个组成部分时，会计师事务所应恰当制定集团总体审计策略和具体审计计划，确保组成部分会计师事务所对商誉减值事项保持了充分、必要的重视。若商誉减值事项是风险评估程序识别出的导致集团财务报表发生重大错报的特别风险，会计师事务所应至少复核组成部分会计师事务所对该特别风险形成的审计工作底稿，并根据对组成部分会计师事务所工作的了解，确定是否有必要追加审计程序。

第六，在形成审计报告时，会计师事务所应结合商誉减值事项的金额及执业中所作职业判断的重要程度，合理确定该事项是否构成关键审计事项。若该事项构成关键审计事项，会计师事务所应在审计报告中详细描述该关键审计事项的基本情况及采取的应对措施，并在审计工作底稿中详细记录应对措施的实施情况。若采取的应对措施仍不足以消除关于财务报表不存在重大错报的疑虑，会计师事务所不应将该事项在关键审计事项部分描述，而应考虑其对审计意见的影响并在审计报告相应部分进行说明。

第七，会计师事务所应安排具有经验和专业胜任能力的项目质量控制复核人员，严格履行质量控制复核制度，对涉及商誉减值的有关事项进行充分复核。在质量控制复核发现的重大问题未得到解决前，不得出具审计报告。

第八，会计师事务所应恰当评价公司财务报告是否按《企业会计准则》和相关信息披露编报规则充分披露与商誉减值相关的所有重要信息。同时，会计师事务所还应阅读并考虑获取的其他信息（包括审计报告日前和审计报告日后取得的其他信息），充分关注其他信息中的商誉减值事项披露是否与财务报表、已获取的审计证据存在重大不一致。

考虑到股权转让交易的特殊性及其对财务报表可能产生的重大影响，该领域往往会成为注册会计师的重要审计领域，要求注册会计师充分了解股权转让交易的实质与背景，运用职业判断以恰当识别及评估其重大错报风险，包括可能涉及的舞弊风险，在此基础之上计划并实施审计工作。

二、审计中与股权转让交易有关的几个主要环节及特殊考虑

（一）了解被审计单位及其环境

一般而言，企业出于经营业务重组，处理经营不善的业务单元，回收投资资金的目的进行股权转让交易。因此，企业进行股权转让交易的目的往往与企业的经营目标以及战略有一定的关联性。此外，重大的股权转让交易，特别是涉及资本市场的股权交易，也需要满足于相关法律法规及监管的要求。因此，对股权转让交易的审计应当起始于对该交易的目的及背景的充分了解，这往往离不开对被审计单位及其经营、法律和监管环境的了解。

第1211号准则第十四条至第二十七条对此进行了规范，针对股权转让交易应当特别关注的包括：

1. 经济环境、法律和监管环境对行业的影响，其中与股权转让交易相关的法律监管政策的变化，是否会导致股权转让交易的相应增加或者减少，交易形式或者性质发生变化；

2. 被审计单位的经营目标和战略在本年是否有变化，是否会涉及对于某些经营不善的业务单元进行业务重组，如兼并或者处置的计划，其中是否与股权转让相关交易的判断及处理相关；

3. 被审计单位财务业绩的衡量和评价指标与股权转让交易的相关程度；

4. 被审计单位是否建立专门机制以评估及应对与股权转让交易相关的风险；

5. 股权转让交易是否涉及相关信息系统的运用，其运行情况如何；

6. 股权转让交易涉及哪些关键部门及人员，相关业务流程，包括交易审批、交易评估定价、股权交接、交易款项结算及会计处理等流程存在哪些与审计相关的人工控制，是否存在交易流程之上的监督性或补偿性控制。

（二）识别和评估重大错报风险，包括与股权转让交易相关的舞弊风险

近年来，不乏有上市公司利用与关联方之间的股权转让交易达到满足业绩指标的目的。此类关联方股权转让交易目的及交易实质存疑，隐含一定的舞弊风险。这就要求注册会计师针对股权转让交易的错报风险，包括由舞弊导致的错报风险进行充分的识别以及评估，以更好地计划并实施进一步审计程序。

注册会计师应该按照第1101号准则以及第1141号准则的规定，在风险识别以及评估过程中，乃至针对股权转让交易的整个审计过程中，保持应有的职业怀疑，认识到存在由于舞弊而导致的重大错报的可能性。

第1211号准则中对特别风险的识别作出如下规定：

第二十八条　注册会计师应当在下列两个层次识别和评估重大错报风险，为设计和实施进一步审计程序提供基础：

（1）财务报表层次；

（2）各类交易、账户余额和披露的认定层次。

第三十条　作为本准则第二十八条所述的风险评估的一部分，注册会计师应当根据职业判断，确定识别出的风险是否为特别风险。在进行判断时，注册会计师不应考虑识别出的控制对相关风险的抵消效果。

第三十一条　在判断哪些风险是特别风险时，注册会计师应当至少考虑下列方面：

（1）风险是否属于舞弊风险；

（2）风险是否与近期经济环境、会计处理方法或其他方面的重大变化相关，因而需要特别关注；

（3）交易的复杂程度；

（4）风险是否涉及重大的关联方交易；

（5）财务信息计量的主观程度，特别是计量结果是否具有高度不确定性；

（6）风险是否涉及异常或超出正常经营过程的重大交易。

第三十二条　如果认为存在特别风险，注册会计师应当了解被审计单位与该风险相关的控制（包括控制活动）。

第1141号准则第二十八条规定，注册会计师应当将评估的由于舞弊导致的重大错报风险作为特别风险。如果此前未了解与此类风险相关的控制，注册会计师应当了解相关控制，包括了解控制活动。

第1323号准则第十二条规定，作为风险评估程序和相关工作的一部分，注册会计师应当实施该准则第十三条至第十八条规定的审计程序和相关工作，以获取与识别关联方关系及其交易相关的重大错报风险的信息。

基于审计准则的上述规定，注册会计师在识别与评估与股权转让交易相关的风险的过程中，应当：

1. 通过执行询问、分析、检查以及观察程序对与股权转让交易相关的舞弊风险而导致的错报风险进行评估，重点分析股权转让损益对于利润的影响，评估管理层粉饰报表的舞弊动机；

2. 对股权转让交易保持应有的职业怀疑态度，特别关注股权转让交易的目的以及交易实质，以识别及评估其错报风险，包括获取与识别交易中可能涉及的关联方以及关联交易相关的重大错报风险的信息；

3. 对于股权转让交易可能存在的特别风险，在风险评估时特别关注该交易的复杂程度、是否属于舞弊风险、是否涉及重大的关联方交

易以及是否涉及异常或超出正常经营过程的重大交易;

4. 对识别的与股权转让交易有关的特别风险,了解与该风险相关的控制活动,无论在审计过程中是否准备依赖这些控制。

(三)针对评估的重大错报风险的应对

1. 在按照第1231号准则设计并实施与股权转让交易有关的审计程序时,应当做到,对识别为特别风险的股权转让交易及认定,如果计划的审计程序仅为实质性程序,这些程序应当包括细节测试;对于未识别为特别风险的股权转让交易及认定,也应当设计并实施实质性程序。

2. 在按照第1141号准则的要求设计和实施应对舞弊风险的审计程序时,对于超出被审计单位正常经营过程的重大交易,或基于对被审计单位及其环境的了解以及在审计过程中获取的其他信息而显得异常的重大交易,评价其商业理由(或缺乏合理商业理由)是否表明被审计单位从事交易的目的是为了对财务信息作出虚假报告或掩盖侵占资产的行为,需要特别关注与股权转让交易有关的会计处理及审计程序。

3. 在按照《中国注册会计师审计准则第1301号——审计证据》的要求,在实施恰当的审计程序以获取充分、适当的审计证据,同时考虑审计证据的信息相关性和可靠性时,应当做到:

(1)要求获取并检查所有与股权转让交易相关的资料,包括股权转让协议;董事会或股东会等权力机构的会议决议或审批;股权交易定价的相关资料,包括评估报告等、股权变更登记资料、股权款收款凭证等,以考虑审计证据的充分性。

(2)必要时通过向股权转让交易对方寄发函证以独立获取可靠性更高的第三方审计证据。

（3）在获取的审计证据涉及利用管理层的专家的工作时，如股权转让交易定价所依据的资产评估报告，应当考虑该专家的工作对于实现注册会计师审计目的的重要性；同时，应当评价管理层专家的胜任能力、专业素质和客观性，了解专家的工作；评价将专家的工作用作相关认定的审计证据的适当性。

4. 在按照第1323号准则的要求，设计并实施与可能是关联方的对方进行的股权转让交易相关的审计程序时，应当做到：

（1）针对交易对方的背景、与企业的关系获取充分、适当的审计证据，以识别是否存在关联关系以及关联交易。

（2）对于识别出管理层未向注册会计师披露的关联方关系或重大关联方交易，或识别出的超出正常经营过程的重大关联方交易，需要考虑该交易的商业实质，评估可能存在由于舞弊导致的重大错报风险，并评价对审计的影响。

5. 在按照《中国注册会计师审计准则第1421号——利用专家的工作》的要求，在可能考虑利用专家的工作对股权转让交易设计并实施审计程序时，应当做到：

（1）如果认为在会计或审计以外的某一领域具有专长的个人或组织中获取充分、适当的审计证据是必要的，注册会计师应当确定是否利用专家的工作。

（2）评价专家是否具有实现审计目的所必需的胜任能力、专业素质和客观性；询问可能对外部专家客观性产生不利影响的利益和关系。

（3）评价专家的工作是否足以实现审计目的，包括专家的工作结果或结论的相关性和合理性，以及与其他审计证据的一致性；评价专家的工作涉及使用重要的假设和方法在具体情况下的相关性和合理性；评价专家的工作涉及使用重要的原始数据的相关性、完整性和准确性。

三、股权转让交易案例

（一）案例背景信息及注册会计师实施的主要审计程序

案例 1：A 集团股份有限公司案例

1. 公司情况简介。

A 集团股份有限公司（以下简称 A 集团）是全球化的智能产品制造企业集团，旗下拥有通信、多媒体等多家公司，产品涉及电话、电视、手机、冰箱、洗衣机、空调、小家电、液晶面板等多个领域。集团在 50 多个国家和地区设有销售机构，业务遍及全球 90 多个国家和地区。近年来，集团营收和利润连创历史新高，其中海外收入过半，多项产品销售国内排名居前。

随着市场竞争的不断加剧，A 集团不断调整布局，一方面，积极转型，努力培养新的业务能力；另一方面，通过国际化完善全球业务布局，进一步提升海外市场份额。

在此背景下，A 集团开始新一轮资产重组。A 集团聘请威平会计师事务所担任公司年度财务报表审计机构，为 A 集团提供年度财务报表审计服务。

2. 股权转让交易。

B 公司是 A 集团旗下子公司，于 2013 年 2 月成立，A 集团投资 2 220 万美元，占 B 公司 74% 的股权。B 公司是 A 集团重要的生产基地之一，在 A 集团今后的集团战略中具有重要地位。

2016 年，A 集团计划将 B 公司出售给境外关联方 C 公司（A 集团外关联方）。2016 年 5 月 3 日，A 集团委托阳光资产评估有限公司对 B 公司进行评估，阳光资产评估有限公司出具的评估报告要点如下：

（1）评估报告披露的评估目的是根据委托方提供的 B 公司等相关资料，为委托方提供 B 公司股东的全部权益价值在现有规划条件下的市场价格，为委托方出售 B 公司提供价格参考依据。

（2）评估报告披露的评估基准日为 2016 年 4 月 30 日。

（3）评估报告披露的评估采用的方法及公式："本次评估仅采用收益法作为估价的依据。"收益法基本公式：本次评估中采用国际上通行的间接法评估股东的全部权益价值，即通过对企业整体价值的评估来间接获得股东全部权益价值。

其计算公式为：

$$股东全部权益价值 = 企业价值 - 付息债务$$
$$企业价值 = 经营性资产价值 + 非经营性资产价值 + 溢余资产价值$$

（4）评估报告披露的评估结果。评估 B 公司经营性资产折现价值为 37 567.36 万元，股东全部权益价值为 26 722.04 万元。非经营性资产主要包括：对某银行的长期股权投资账面价值 446.46 万元，评估价值为 446.46 万元；企业固定资产中职工宿舍等非生产经营用房产建筑面积约 31 455.72 平方米，账面价值 1 666.40 万元，评估价值为 2 831.02 万元；企业无形资产中职工宿舍等非生产经营用房产占用的土地使用权面积约 69 575.14 平方米，账面价值 164.48 万元，评估价值为 730.54 万元；企业负债——其他应付款中的往来及押金账面价值 843.28 万元，评估价值为 843.28 万元；上述非经营性资产（扣除非经营性负债）后的评估价值为 446.46 + 2 831.02 + 730.54 - 843.28 = 3 164.74（万元）。B 公司付息债务为短期借款，账面价值 15 010.06 万元。上述付息债务的评估值为 14 010.06 万元。股东全部权益价值 = 经营性资产折现价值 + 非经营性资产评估价值 - 付息债务 = 37 567.36 + 3 164.74 - 14 010.06 = 26 722.04（万元）。

根据评估结果，A 集团所持 B 公司的股权价值 = 26 722.04 × 74% =

19 774.31（万元）。2016 年 5 月 6 日，A 集团将在 B 公司的股权以 19 774.31 万元的价格转让给 C 公司。受让方于 2016 年 5 月 31 日前向转让人支付转让股权的价款。至审计时止，A 集团股权转让已经交易完毕。

3. 注册会计师评价专家工作。

在对 A 集团股权转让事宜进行审计时，注册会计师根据第 1421 号准则评价专家的工作的恰当性。注册会计师对评估报告及相关资料进行研读和分析，并与评估公司、A 集团就权益价值的评估进行了沟通，并就权益价值的重新核定取得了共识。

（1）关于评估方法的选择。

根据《企业价值评估指导意见》，股东全部权益价值的评估方法主要有收益法、市场法和成本法三种。评估公司采用收益法作为该项业务估价的依据。

收益法，是指通过将被审计单位预期收益资本化或折现以确定评估对象价值的评估方法。常用的两种方法是收益资本化法和未来收益折现法。本次评估选用的是未来收益折现法，是指通过估算被审计单位未来所能获得的预期收益并按预期的折现率折算成现值，借以确定评估对象价值的一种资产评估方法。评估公司选择该种方法评估 B 公司股东的全部权益价值是合适的。

B 公司自 2013 年成立以来，一期工程已于 2013 年 12 月正式竣工投产。经过多年的不断投入，企业先后完成二期工程、三期工程的建设。目前，B 公司已经初步完成建设投资，逐步进入稳定发展时期，其实际产能接近于设计规划。B 公司已经摆脱了筹建初期的亏损境地，其销售收入与盈利水平均平稳增长。根据有关资料并结合对企业所处外部经营环境、行业发展趋势、历史经营状况、发展战略规划、技改项目优势和新产品开发情况等，会计师、评估公司、A 集团三方对被审计单位未来的经营能力、盈利状况和现金流量情况的预测结果进行了分析，在此基础上，对被审计单位未来可能实现的合理收益进行相应的折现，测算被审计单位的股东全部权益价值。

（2）关于评估结果的利用。

根据对财务报表的分析并结合企业管理层对企业资产使用情况的说明，B公司的非经营性资产主要包括：调整增加了与生产经营无关的其他应收款账面价值合计1 153.74万元，对某银行的长期股权投资账面价值为446.46万元无异议，企业固定资产评估价值无异议；企业无形资产中反映的职工宿舍等非生产经营用房产占用的土地使用权面积约69 575.14平方米，账面价值为164.48万元，原测算值为730.54万元，重新测算调整后价值为765.32万元；企业负债中与生产经营无关的款项843.28万元，重新测算后评估价值为1 215.42万元；上述非经营性资产（扣除非经营性负债后）经调整后评估测算价值为3 981.10万元。考虑单位付息债务扣除溢余资金后，重新调整计算后价值为15 196.74万元，上述付息债务的评估值为15 196.74万元。股东全部权益价值＝经营性资产折现价值＋非经营性资产评估价值－付息债务＝37 567.36＋3 981.10－15 196.74＝26 351.72（万元）。

因此，会计师认为A集团关联方股权交易应按照经济实质对股权转让交易重新进行调整。经过和被审计单位充分沟通后，A集团接受最后的调整结果：关联方股权转让＝26 351.72×74%＝19 500.27（万元），对应成本＝2 220万美元×6.22＝13 808.40万元。股权转让所得＝19 500.26－13 808.40＝5 691.86（万元）。同时，股权转让所得应缴纳相应企业所得税。

案例2：甲股份有限公司案例

1. 公司情况。

甲股份有限公司（以下简称甲公司）于2008年10月经证监会批准首次公开发行股票并在上海证券交易所上市，主要从事矿山设备的生产和销售，其实际控制人和法定代表人为自然人李军。甲公司委托华光会计师事务所承办 2015 年度财务报表审计业务，并于 2015 年 12 月签订审计业务约定书。

2. 相关财务资料。

（1）甲公司由于经营不善，已连续两年处于亏损状态。甲公司 2015 年度财务报表主要数据如表 6-1 所示。

表 6-1　　　　　　　　　　　　　　　　　　　　　　　　　　单位：万元

损益表摘要	2013 年度	2014 年度	2015 年度
营业收入	36 000.00	40 000.00	30 000.00
营业利润	（100 000.00）	（30 400.00）	（3 600.00）
净利润	（120 000.00）	（24 000.00）	1 200.00
资产负债表摘要	2013 年 12 月 31 日	2014 年 12 月 31 日	2015 年 12 月 31 日
流动资产合计	159 600.00	136 000.00	137 600.00
固定资产净额	90 000.00	84 000.00	82 000.00
长期股权投资	10 400.00	10 400.00	400.00
资产总计	260 000.00	230 400.00	220 000.00
流动负债合计	116 000.00	110 000.00	99 400.00
非流动负债合计	1 600.00	2 000.00	1 000.00
负债合计	117 600.00	112 000.00	100 400.00
所有者权益合计	142 400.00	118 400.00	119 600.00

（2）重大股权交易资料。

①由于控股子公司乙公司自 2011 年成立以来一直处于亏损状态，未能为公司贡献利润，2015 年 10 月 5 日，甲公司董事会研究决定，将持有乙公司 60% 的长期股权全部对外挂牌转让。

②2015 年 10 月 6 日，甲公司控股股东丙公司与其潜在股东丁公司签订《增资扩股协议》，约定如下：如果甲公司股东大会通过处置持有的全部或部分乙公司 60% 股权之全部相关议案并完成公告，丁公司则向丙公司增资人民币 28 000 万元。

③2015 年 10 月 20 日，甲公司第三次临时股东大会审议通过处置持有的全部或部分乙公司 60% 股权之全部相关议案。

④2015年11月3日，甲公司委托JJ评估公司（不具备证券业务从业资格）对所持有乙公司60%的长期股权在评估基准日2015年10月30日的市场价值进行了评估，并出具了《股东全部权益价值评估报告》（JJ评报字〔2015〕0512号）。

⑤2015年11月12日，甲公司委托南方产权交易所挂牌转让持有乙公司60%的股权，挂牌期间为2015年11月12日至2015年11月25日，挂牌转让价格为30 000万元。根据产权交易所反馈，至挂牌截止日仅有控股股东丁公司报名且为资格审核通过的受让方。

⑥2015年11月25日，甲公司与丙公司签订《股权转让协议》，丙公司受让甲公司持有乙公司60%全部股权，转让价格为30 000万元。

⑦2015年12月5日，甲公司收到股权转让款30 000万元，2015年12月6日，办理了股权转让工商变更登记，甲公司相应在2015年度利润表中确认股权转让收益。

3. 注册会计师对股权转让交易实施的主要审计程序及获取的审计证据。

对于2015年度甲公司转让乙公司60%股权交易事项，注册会计师实施了以下审计程序并获取了相关审计证据：

（1）获取并检查甲公司转让乙公司60%股权的董事会决议。

（2）获取并检查甲公司转让乙公司60%股权的股东会决议。

（3）获取并检查甲公司关于股权转让暨关联交易的公告，公告内容为："控股股东丙公司与潜在股东丁公司签订的《增资扩股协议》之约定，丁公司向丙公司增资人民币28 000万元前提条件是甲公司股东大会通过关于同意处置持有的全部或部分乙公司股权之全部相关议案并完成公告；根据产权交易所反馈，至挂牌截止日仅有控股股东丁公司报名且为资格审核通过的受让方；甲公司与丙公司本次交易构成关联交易。"

(4) 获取并检查了 JJ 评估公司对乙公司本次股权转让出具的《股东全部权益价值评估报告》(JJ 评报字〔2015〕0512 号):甲公司持有乙公司 60% 的长期股权在评估基准日 (2015 年 10 月 30 日) 的市场价值为 30 000 万元(乙公司股东全部权益评估价值为 50 000 万元,按照公司所持乙公司 60% 的股权对应市场价值评估值为 30 000 万元)。

经注册会计师聘请的 ZT 评估事务所(具备证券业务从业资格)复核结果认为:JJ 评估公司使用的估计和假设不合理,评估基准日甲公司持有乙公司 60% 的长期股权价值应为 18 000 万元。

(5) 获取并检查了甲公司与控股股东丙公司签署的《股权转让协议》。

(6) 获取并检查了股权转让工商变更登记相关资料。

(7) 获取并检查了甲公司转让乙公司股权的记账凭证及账务处理:甲公司转让乙公司股权的交易增加了投资收益。

(8) 获取并检查了乙公司工商登记信息及相关财务资料:乙公司是一家有限责任公司,成立于 2011 年 3 月 23 日,由甲公司、戊公司、己公司、庚公司 4 家法人单位共同投资组建,注册资本 18 000 万元,法定代表人李军,其中:甲公司持股 60%,处于控股地位。2015 年 10 月 30 日经审计后的财务报表主要财务数据如表 6 - 2 所示。

表 6 - 2　　　　　　　　　　　　　　　　　　　　　　　　　　　单位:万元

项目	2014 年 12 月 31 日	2015 年 10 月 30 日
资产总额	32 000.00	34 000.00
其中:长期股权投资	30 000.00	30 000.00
负债总额	5 000.00	12 000.00
应收账款总额(净值)	—	—
净资产	27 000.00	22 000.00
项目	2014 年度	2015 年 1—10 月
营业收入	—	60
营业利润	-9 000.00	-5 600.00
净利润	-3 000.00	-5 600.00
经营活动产生的现金流量净额	-10 600.00	-7 000.00

（9）获取并检查了丙公司工商登记信息及相关财务资料。丙公司是一家有限责任公司，成立于2005年2月10日，由李红、卢平、王东三位自然人投资组建，注册资本200万元，法定代表人李红。其中：李红投资80万元持股40%、卢平投资60万元持股30%、王东投资60万元持股30%。李红与甲公司董事长李军为兄弟关系，卢平同时担任甲公司董事、副总经理。截至2015年10月30日丙公司主要财务数据如表6-3所示。

表 6-3 单位：万元

项目	2014 年度	2015 年度 1—10 月（未经审计）
营业收入	—	—
净利润	-200.00	-500.00
项目	2014 年 12 月 31 日	2015 年 4 月 30 日
资产总额	16 016.00	15 516.00
负债总额	16.00	16.00
所有者权益合计	16 000.00	15 500.00

（10）获取并检查了丁公司与丙公司签订的《增资扩股协议》及相关工商变更登记资料。2015年11月23日，丁公司向丙公司增资人民币28 000万元，2016年1月5日，丙公司完成了增资扩股的工商变更手续。增资后，丙公司仍为甲公司第一大股东，丁公司间接控制甲公司。

（二）思考题

1. 在案例1中，注册会计师对案例涉及的股权转让交易应实施哪些审计程序？其中，对于利用评估专家的工作是否存在不足之处？

2. 在案例2中，对于股权转让损益的确认是否恰当？注册会计师应该如何作出职业判断？

3. 在案例2中，注册会计师对案例涉及的股权转让交易实施的审计程序是否到位？获取的审计证据是否充分？存在哪些不足之处？

(三) 思考题解答

1. 在案例 1 中，注册会计师对案例涉及的股权转让交易应实施哪些审计程序？其中，对于利用评估专家的工作是否存在不足之处？

问题解析：

注册会计师对案例涉及的股权转让交易应实施如下审计程序：

(1) 风险评估阶段对交易双方 A 集团及 C 公司、被出售方 B 公司的基本经营情况以及对交易背景进行充分了解，结合分析该股权交易对于 A 集团财务报表的影响，对该交易可能涉及的重大错报风险，包括由于舞弊导致的重大错报风险进行识别以及评估；

(2) 通过调取企业信用报告等方式获取交易双方 A 集团与 C 公司的相关背景资料，包括投资方、最终控股方、董事高管人员等，判断交易方是否存在关联关系，分析交易是否合理，是否存在关联方之前不正当的利益输送；

(3) 获取股权转让有关合同、董事会或股东大会决议文件以及股权变更登记资料等，确定股权转让是否按照法律法规、公司制度规定履行了规定的审批程序，股权转让是否已经完成；

(4) 获取股权转让定价有关资料，复核股权转让定价的适当性；

(5) 检查股权转让款相关凭证，确认股权款的收到/支付情况；

(6) 检查管理层就该交易作出的会计判断及会计处理的合理性、准确性，确认该交易的财务报表列报以及披露的准确性、完整性，特别关注关联交易的披露。

本案例中对于股权转让交易价格的确定，A 集团委托阳光资产评估有限公司对子公司 B 公司进行评估并出具了评估报告。注册会计师根据第 1421 号准则评价专家的工作的恰当性。注册会计师对评估报告及相关资料进行研读和分析,并与评估公司、A集团就权益价值的评估进行了沟通,并直接利用评估师的评估结果,在此基础之上进行了适当调整即直接作为审计证据予以利用。

根据第1301号准则第十二条的规定,如果用作审计证据的信息在编制时利用了管理层的专家的工作,注册会计师应当考虑管理层的专家的工作对实现注册会计师目的的重要性,并在必要的范围内实施下列程序:评价管理层的专家的胜任能力、专业素质和客观性;了解管理层的专家的工作;在此基础之上,评价将管理层的专家的工作用作相关认定的审计证据的适当性。

根据第1421号准则第十三条以及第十四条有关评价专家工作的恰当性的规定,注册会计师应当评价专家的工作结果或结论的相关性和合理性,以及与其他审计证据的一致性;专家的工作所使用的重要的假设和方法在具体情况下的相关性和合理性;专家的工作所使用的重要的原始数据的相关性、完整性和准确性,来评价专家的工作是否足以实现审计目的。

本案例中,注册会计师利用评估师的评估结果作为审计证据的不足之处主要在于,注册会计师仅就评估事项与公司及评估公司进行了非常有限的了解和沟通,其执行的审计程序不足以直接将阳光资产评估有限公司出具的评估报告作为审计证据。会计师按照审计准则的规定,首先应对管理层专家的专业胜任能力、专业素质、客观性进行评价;然后,了解和评价管理层专家的工作,评价评估师所运用的评估方法是否合理,评价评估师所使用的重要假设是否合理、相关,评价评估师所使用的重要原始数据是否相关、完整和准确。如果注册会计师按照上述程序得出结论认为管理层专家的工作足以实现审计目的,注册会计师可以接受专家在其专业领域的工作结果或结论,并作为适当的审计证据。

2. 在案例2中,对于股权转让损益的确认是否恰当?注册会计师应该如何作出职业判断?

问题解析:

在对甲公司2015年12月转让乙公司60%股权这一交易事项进行审计时,注册会计师应当分析判断该交易是否为权益性交易,如果是权益性交易,就不能在利润表中确认相关股权转让收益。

(1)财政部《关于做好执行企业会计准则企业2008年年报工作的通知》(财会函〔2008〕60号)中规定:企业接受的捐赠和债务豁免,按照会计准则规定符合确认条件的,通常应当确认为当期收益。如果接受控股股东或控股股东的子公司直接或间接的捐赠,从经济实质上判断属于控股股东对企业的资本性投入,应作为权益性交易,相关利得计入所有者权益(资本公积)。

(2)中国证券监督管理委员会《关于做好上市公司2008年度报告相关工作安排的公告》(证监会公告〔2008〕48号)规定:公司应充分关注控股股东、控股股东控制的其他关联方、上市公司的实际控制人等向公司进行直接或间接捐赠行为(包括直接捐赠现金或实物资产、直接豁免或代为清偿债务等)的经济实质。如果交易的经济实质表明属于控股股东、控股股东控制的其他关联方或上市公司实际控制人向上市公司资本投入性质的,公司应当按照企业会计准则中"实质重于形式"的原则,将该交易作为权益交易,形成的利得计入所有者权益(资本公积)。

(3)中国证券监督管理委员会《上市公司执行企业会计准则监管问题解答》(会计部函〔2009〕60号)进一步明确了股东捐赠行为"资本投入性质"的具体判断原则:上市公司的控股股东、控股股东控制的其他关联方、上市公司的实际控制人对上市公司进行直接或间接的捐赠、债务豁免等单方面的利益输送行为,由于交易是基于双方的特殊身份才得以发生,且使得上市公司明显地、单方面地从中获益,所以监管中应认定为其经济实质具有资本投入性质，形成的利得应计入所有者权益。上市公司与潜在控股股东之间发生的上述交易，应比照上述原则进行监管。

根据上述规定，如果股东捐赠行为是基于交易双方的特殊身份才得以发生，且使得交易一方明显地、单方面地从中获益，则可以界定为具有资本投入性质。上述界定标准一方面强调了要关注交易是否基于双方的特殊身份才得以发生，即强调交易是否具有经济实质；另一方面强调交易的经济后果是使一方明显（强调程度）单方面（强调经济利益的不对等性）从中获益。权益性交易的主要特征可以概括如下：

①权益性交易的交易对象。权益性交易除所有者以其所有者身份与主体之间的交易外，还包括不同所有者之间的交易，且后者多为合并报表层面不同所有者（母公司与子公司少数股东）之间。

②权益性交易对主体权益总额的影响。主体与所有者之间的权益性交易会导致主体权益总额发生增减变动，所有者之间的权益性交易不影响权益总额，但会改变权益内部各项目金额。

③权益性交易的会计处理结果。与权益性交易有关的利得和损失应直接计入权益，不会影响当期损益。

本案例中，甲公司的实际控制人丙公司在2015年12月受让甲公司持有乙公司60%的股权30 000万元，公允市场价值18 000万元（30 000万元×60%），显然，甲公司从该交易中获益12 000万元。虽然甲公司转让持有的乙公司股权采用挂牌交易的形式，但"控股股东丙公司与潜在股东丁公司签订的《增资扩股协议》之约定，丁公司向丙公司增资人民币28 000万元的前提条件是甲公司股东大会通过关于同意处置持有的全部或部分乙公司股权之全部相关议案并完成公告；根据产权交易所反馈，至挂牌截止日仅有控股股东丙公司报名且为资格审核通过的受让方"，说明该股权交易并非产生于正常的股权交易，不属于实际权利人给予甲公司的让步;事实上,差额部分 12 000 万元由丙公司承担,是基于丙公司是甲公司实际控制人的特殊身份而给予甲公司的利益输送,甲公司明显单方面从中获益。因此,该股权交易的经济实质应当认定为是实际控制人向上市公司进行资本投入。

同时,"2015 年 11 月 23 日,丁公司向丙公司增资人民币 28 000 万元,2016 年 1 月 5 日,丙公司完成了增资扩股的工商变更手续。增资后,丙公司仍为甲公司第一大股东,丁公司间接控制甲公司",说明该股权转让很可能系控股股东丙公司为了便于甲公司新的潜在控股股东丁公司优质资产注入。从这个意义上讲,丙公司高价购买上市公司的资产,本质上是老股东与新股东之间的交易,对于上市公司甲公司来讲,是所有者之间的交易,也应该判断为权益性交易。

综上所述,本案例股权交易的经济实质应当认定为实际控制人向上市公司进行资本投入。甲公司将股权转让款与长期股权投资成本的差额部分于利润表中确认股权转让收益的会计处理不恰当,此部分差额应确认为资本公积。

3. 在案例 2 中,注册会计师对案例涉及的股权转让交易实施的审计程序是否到位?获取的审计证据是否充分?存在哪些不足之处?

问题解析:

在案例 2 中,甲公司的股权转让是基于甲公司经营不善,已处于连续两年亏损状态。根据证券交易所相关规定,2015 年度继续亏损,甲公司股票将面临被暂停上市的风险。甲公司转让乙公司的股权的交易方为甲公司的控股股东丙公司,该交易的完成是丙公司获得潜在股东丁公司的增资的前提条件。而基于甲公司聘请的评估师对乙公司进行评估的结果显示的市场价值远远高于另一独立评估师评估的市场价值。综上,甲公司通过关联方进行股权转让交易的目的值得怀疑。以上情况均反映出该股权转让交易可能存在与舞弊相关的特别风险。

注册会计师虽然在审计过程中获取并检查了股权转让交易相关的资料，但仍然存在以下不足之处：

（1）注册会计师未在整个审计过程中保持应有的职业怀疑态度，在风险评估阶段未适当评价舞弊风险的因素，包括实施舞弊的动机或压力；实施舞弊的机会；为舞弊行为寻找借口的能力。未基于对以上情况的分析，识别出该股权转让交易的损益的确认存在由于舞弊导致的重大错报的风险的可能性。

（2）注册会计师未充分关注关联方及潜在关联方，未获取充分、适当的审计证据对于交易涉及的各方的背景及情况进行调查，以识别关联方及潜在关联方交易。注册会计师未按照第1323号准则规定，对于识别出的超出正常经营过程的重大关联方交易、获取的相关合同或协议及交易已经恰当授权和批准的审计证据，来评价交易的商业理由，以识别管理层从事交易的目的可能是为了对财务信息作出虚假报告或为了隐瞒侵占资产的行为。

（3）注册会计师未根据所收集的股权交易资料对股权交易的实质进行分析，这项交易是基于双方的特殊身份才得以发生，且使得上市公司明显的、单方面地从中获益，应认定为其经济实质具有资本投入性质，形成的利得应计入所有者权益。而注册会计师未对是否存在上市公司的控股股东通过向上市公司直接或间接实施捐赠来达到输送利润的目的作出正确判断，进而未对该交易损益计入当期投资收益的会计处理提出异议。

（4）注册会计师在利用评估专家的工作时，未按照第1421号准则的相关规定实施必要的审计程序，包括评价专家是否具有实现审计目的所必需的胜任能力、专业素质和客观性；询问可能对外部专家客观性产生不利影响的利益和关系；评价专家的工作是否足以实现审计目的，包括专家的工作结果或结论的相关性和合理性，以及与其他审计证据的一致性；评价专家的工作涉及使用重要的假设和方法在具体情况下的相关性和合理性；评价专家的工作涉及使用重要的原始数据的相关性、完整性和准确性。注册会计师在注意到其聘请的评估师和管理层利用的评估师对相关股权价值存在不同的评估结果的情况下，未执行进一步审计程序、评价上述差异的影响并作出必要的调整。

因此，注册会计师未关注是否存在控股股东或其关联方以显失公允的价格向上市公司购买资产。

（四）从上述案例中可借鉴的教训和相关的经验

通过以上案例的分析，注册会计师应从以下方面评估及应对与股权转让交易相关的重大错报风险：

1. 注册会计师应对股权转让目的、转让标的资产负债结构、实际经营状况进行分析。对三大舞弊风险的因素进行充分的评价。注册会计师应将该领域作为重点关注领域并安排有足够胜任能力的人员对其进行审计。

2. 注册会计师应充分获取并认真检查股权交易双方是否具备关联方关系，是否存在潜在关联关系，股权交易是否基于双方的特殊身份才得以发生的相关审计证据，以判断管理层对股权转让判断依据是否充分。

3. 注册会计师应分析股权转让标的市场价值是否公允，是否存在上市公司明显的、单方面地从中获益；在决定利用专家对股权价值评估的工作时，需要评价专家的胜任能力、专业素质及客观性；评价专家的工作是否足以实现审计目的；评价工作结论、假设和方法，以及所使用的重要原始数据。

4. 注册会计师应对管理层所作的会计处理的理由、会计计量、列报及披露的准确性、完整性进行复核，判断管理层会计处理的合理性和准确性。

第七章　政府补助的案例分析

一、政府补助交易的特性

根据《企业会计准则第16号——政府补助》的规定，政府补助，是指企业从政府无偿取得货币性资产或非货币性资产，但不包括政府作为企业所有者投入的资本。它具有以下特征：（1）来源于政府的经济资源。（2）无偿的但通常附有一定的条件。政府补助根据其性质及用途还需要区分与资产相关的政府补助和与收益相关的政府补助，相关的会计处理也会有所不同。《企业会计准则解释第3号》也针对政府给予企业的搬迁补偿款的会计处理作出了具体规定。

政府补助交易可能涉及的财务报表科目包括营业外收入、递延收益以及相关资产负债科目等。财务报表中所列报的这些科目隐含着管理层就下列认定的意思表达。

（1）发生——记录和披露的政府补助交易已发生，且与被审计单位有关；

（2）完整性——所有应当记录的政府补助交易以及相关资产负债均已记录并披露；

（3）准确性——与政府补助交易有关的金额及其他数据已恰当记录并披露；

（4）截止——政府补助交易，包括政府补助收益已记录于正确的会计期间；

（5）分类和可理解性——政府补助交易已记录于恰当的账户，交易相关财务信息已被恰当地列报和描述，且披露内容表述清楚；

（6）存在——记录的与政府补助交易有关的资产和负债是存在的；

（7）权利和义务——记录的与政府补助交易有关的资产由被审计单位拥有，负债是被审计单位应当履行的偿还义务；

（8）计价和分摊——与政府补助交易有关的资产和负债以恰当的金额包括在财务报表中，与之相关的计价或分摊调整已恰当记录。

考虑到政府补助交易对象以及其性质的特殊性，会计实务操作中首要解决的是如何按照《企业会计准则第16号——政府补助》的规定对企业从政府收到的拨入资产进行性质上的界定，即判断是否属于准则规定的政府补助范畴，这涉及专业的会计判断。此外，政府补助特别是与资产相关的政府补助往往金额重大，对财务报表的影响也非常重大。这就要求注册会计师将政府补助作为审计重要领域，抓住源头，即充分了解政府补助交易的目的、经济实质，运用职业判断以恰当判定其性质，以及是否属于准则规定的政府补助范畴，评估其重大错报风险，包括可能涉及的舞弊风险，并在此基础之上计划并实施审计工作。

二、审计中与政府补助交易有关的几个主要环节及特殊考虑

（一）了解被审计单位及其环境

政府出于扶持企业发展的目的给予企业资产补助，因此，政府补助交易与企业的业务活动有一定程度的关联性。对政府补助的审计应

当始于对政府补助的性质以及用途的充分了解，这往往离不开对于被审计单位及其环境的了解，以及对于其与被审计单位业务活动的相关性的分析。

第1211号准则第十四条至第二十七条对此进行了规范，针对政府补助应当特别关注的领域包括：

1. 经济环境、法律和监管环境对行业的影响，其中政府对于被审计单位所处行业的扶持政策的变化，是否会导致政府补助交易的相应增加或者减少，交易形式或者性质发生变化；

2. 与政府补助确认相关的会计准则是否有更新以及是否足够明确，管理层是否运用了适当的会计政策；

3. 被审计单位的经营目标和战略在本年是否有变化，是否会涉及计划开发政府扶持业务领域，或者计划与新开发的经营地区的政府达成投资项目进而获得相关补助；

4. 被审计单位财务业绩的衡量和评价指标与政府补助交易的相关程度；

5. 被审计单位是否建立专门机制以评估及应对与政府补助相关的风险；

6. 政府补助交易是否涉及相关信息系统的运用，其运行情况如何；

7. 政府补助交易涉及哪些关键部门及人员，相关业务流程，包括与政府谈判、签约、补助申请及审批、项目验收审核、补助款发放及会计处理等流程存在哪些与审计相关的人工控制，是否存在交易流程之上的监督性或补偿性控制。

（二）识别和评估重大错报风险，包括与政府补助交易相关的舞弊风险

近年来，政府补助在部分上市企业及拟上市企业的利润中占有较

大的比重，导致该等企业扭亏为盈、满足业绩增长并符合融资条件。这些政府补助应该如何入账、如何披露，是否符合企业会计准则的要求，应当是注册会计师应关注的问题。因此，政府补助交易已日益成为注册会计师的重要审计领域，而针对该领域错报风险（包括由舞弊导致的错报风险）的识别以及评估显得尤为重要。

注册会计师应该按照第1101号准则以及第1141号准则的规定，在风险识别以及评估过程中，乃至针对政府补助的整个审计过程中，保持应有的职业怀疑，认识到存在由于舞弊导致的重大错报的可能性。

第1211号准则中对特别风险的识别作出如下规定：

第二十八条　注册会计师应当在下列两个层次识别和评估重大错报风险，为设计和实施进一步审计程序提供基础：

（1）财务报表层次；

（2）各类交易、账户余额和披露的认定层次。

第三十条　作为本准则第二十八条所述的风险评估的一部分，注册会计师应当根据职业判断，确定识别出的风险是否为特别风险。在进行判断时，注册会计师不应考虑识别出的控制对相关风险的抵消效果。

第三十一条　在判断哪些风险是特别风险时，注册会计师应当至少考虑下列方面：

（1）风险是否属于舞弊风险；

（2）风险是否与近期经济环境、会计处理方法或其他方面的重大变化相关，因而需要特别关注；

（3）交易的复杂程度；

（4）风险是否涉及重大的关联方交易；

（5）财务信息计量的主观程度，特别是计量结果是否具有高度不确定性；

（6）风险是否涉及异常或超出正常经营过程的重大交易。

第三十二条　如果认为存在特别风险，注册会计师应当了解被审计单位与该风险相关的控制（包括控制活动）。

第1141号准则第二十八条规定，注册会计师应当将评估的由于舞弊导致的重大错报风险作为特别风险。如果此前未了解与此类风险相关的控制，注册会计师应当了解相关控制，包括了解控制活动。

会计实务操作中，政府补助通常产生的错报包括但不限于：从政府收到的资产并非属于《企业会计准则第16号——政府补助》界定的范畴；政府补助的分类（与资产相关还是与收益相关）不正确，导致所适用的会计处理不正确；政府补助确认的条件尚未满足而提前确认，或者确认条件已经满足而延后确认，导致产生截止性错报；政府补助交易的披露不正确，例如，非经常性损益的判断。此外，与管理层利用政府补助交易来粉饰财务报表的舞弊风险相关的错报，往往还与政府补助的交易实质及其真实性相关。如某些国有企业利用政府特殊背景而获取的政府补助，其交易目的及真实性存疑从而产生重大错报风险。

基于审计准则的上述规定，注册会计师在识别和评估与政府补助相关的风险过程中，应当做到：

1. 通过执行询问、分析、检查以及观察程序对与政府补助相关的舞弊风险而导致的错报风险进行评估，重点分析政府补助对于利润的贡献，来评估管理层粉饰报表的舞弊动机；

2. 对政府补助的性质保持职业怀疑态度，特别关注政府补助的目的、来源以及交易实质，以评估其错报风险；

3. 对于政府补助可能存在的特别风险，在评估时特别关注该交易是否属于舞弊风险、是否存在重大会计差错风险；

4. 对识别的与政府补助的会计处理和报表披露有关的特别风险，了解与该风险相关的控制活动，无论在审计过程中是否准备依赖这些控制。

（三）针对评估的重大错报风险的应对

1. 在按照第1231号准则设计并实施与政府补助交易有关的审计程序时，应当做到：对识别为特别风险的政府补助及认定，如果计划的审计程序仅为实质性程序，这些程序应当包括细节测试；对于未识别为特别风险的政府补助及认定，也应当设计并实施实质性程序。

2. 在按照第1141号准则的要求设计和实施应对舞弊风险的审计程序时，对于超出被审计单位正常经营过程的重大交易，或基于对被审计单位及其环境的了解以及在审计过程中获取的其他信息而显得异常的重大交易，评价其商业理由（或缺乏商业理由）是否表明被审计单位从事交易的目的是为了对财务信息作出虚假报告或掩盖侵占资产的行为，需要特别关注与政府补助有关的会计处理及审计程序。

3. 在按照第1301号准则的要求，在实施恰当的审计程序以获取充分、适当的审计证据，同时考虑审计证据的信息相关性和可靠性时，应当做到：

（1）要求获取并检查所有与政府补助相关的资料，包括政府出具的补助文件、企业获取相关资产的凭证、政府补助申请文件、项目投资协议、项目验收报告、重要的会议纪要以及政府补助相关政策等，以考虑审计证据的充分性。

（2）必要时考虑通过向政府部门寄发函证、走访政府部门并进行访谈，以独立获取可靠性更高的第三方审计证据。

（3）将从不同来源获取的审计证据进行比对，确认一致性，以判断审计证据的可靠性,对于存在不一致的情况,应针对审计证据可靠性存疑的情况采取进一步审计程序予以应对。

(4)在检查政府补助相关资料时,需要特别关注政府补助资产的来源。对发现的疑似关联方交易或缺乏合理商业理由的安排保持职业怀疑,识别出的超出正常经营过程的重大交易,需要考虑该交易的商业实质,评估可能存在由于舞弊导致的重大错报风险,并评价对审计的影响。

三、政府补助案例

(一)案例背景信息及注册会计师实施的主要审计程序

案例1:甲公司

1. 公司情况。

甲公司是一家化工生产企业,主要经营活动为生产和销售系列增白化工产品。甲公司于2011年在深圳证券交易所上市。公司控股股东情况如图7-1所示。

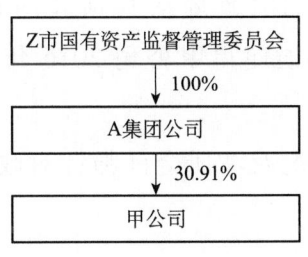

图7-1 甲公司控股股东情况

2. 相关财务资料。

(1)公司2014—2016年度财务状况及经营成果资料如表7-1所示。

表 7-1　　　　　　甲公司 2014—2016 年度主要财务数据　　　　　单位：万元

项目	2016-12-31	2015-12-31	2014-12-31
资产	209 144	214 134	185 450
其中：递延所得税资产	2 032	2 152	514
股东权益	119 624	118 986	127 442
项目	2016 年度	2015 年度	2014 年度
营业收入	152 996	99 128	137 102
营业（亏损）/利润	(1 456)	(11 430)	4 652
营业外收入	2 214	652	506
其中：政府补助	1 936	584	472
利润总额/（亏损）	756	(10 814)	5 158
净利润/（亏损）	638	(9 176)	4 382

（2）政府补助有关资料如表 7-2 所示。

表 7-2　　　　　甲公司 2014—2016 年度计入损益的政府补助　　　　单位：万元

项目	2016-12-31	2015-12-31	2014-12-31
递延收益转入	236	168	122
企业社保补贴款	360	240	58
节能减排补助	1 200	—	—
土地使用税奖励款	—	—	126
其他	140	176	164
合计	1 936	584	470

甲公司于 2016 年 12 月 23 日获取 Z 市财政局 2016 年度节能减排奖励通知，并于第二天收到财政局从其预算内资金账户发放的人民币 1 200 万元奖励。这笔款项使得甲公司 2016 年合并利润扭亏为盈，避免了股票被 ST 的风险。

3. 2016 年度审计情况及注册会计师针对政府补助实施的主要审计程序和获取的审计证据。

（1）整体情况。

甲公司自 2004 年起聘请 BB 会计师事务所执行其财务报表审计业务。

（2）注册会计师针对政府补助实施的主要审计程序及获取的审计证据。

①在风险评估阶段将政府补助识别为重大错报风险之一；

②检查了该地财政局节能减排奖励通知（但该通知没有财政局文号）以及1 200万元的银行水单；

③向上市公司之控股公司A集团书面询问了该节能减排政府补助的背景、资金来源以及是否与控股股东支持有关。控股股东回复该奖励为财政预算资金拨付，不是股东投入。

注册会计师在实施了以上审计程序后同意该笔政府补助是根据财政局的文件，因甲公司废水废气治理、节能减排方面取得的成绩而获得的政府专项补助，并且认定该补助为与公司经营相关的收益性政府补助，应该计入当期损益。

案例2：乙公司

1. 公司情况。

乙公司系1992年经M省经济体制改革委员会体改〔1992〕7号文批准，由N市国资委和丁集团共同发起，以募集方式设立的股份有限公司。公司于1992年4月20日在N市工商行政管理局注册登记，总股本为996 150 684元。公司所属的行业为医药制造。

2. 相关财务资料。

乙公司于2016年度收到了N市财政局支付的旧厂房拆迁款16 000万元。2016年公司将被征收房屋和土地账面价值冲销后的余额4 000万元计入营业外收入——处置非流动资产收益。

3. 2016年度审计情况及注册会计师针对政府补助实施的主要审计程序及获取的审计证据。

（1）整体情况。

CC会计师事务所负责对乙公司2016年度财务报表进行审计，并出具了标准无保留审计意见。

（2）确定的重要性水平。

2016年乙公司制定的报表整体层面的重要性水平为2 400万元。

(3) 注册会计师针对政府补助实施的主要审计程序及获取的审计证据。

①注册会计师检查了乙公司确认营业外收入的原始凭证；

②注册会计师在审计过程中，取得并核对了湖海市财政局向乙公司支付拆迁补偿款项的原始单据。

案例 3：丙公司

1. 公司情况。

丙公司是经营餐饮住宿行业的国有企业，经营范围为星级高级酒店和精品商务酒店服务，另外提供写字楼和商业门店的出租服务。丙公司于 2011 年经证监会批准首次公开发行股票并在深圳证券交易所上市，自上市以来主营业务未发生变化，业务主要集中在 X 省内，合并范围内共有 16 家子公司，母公司为省国资委全资持股的丁集团，丁集团持有丙公司 40% 的股份。

此外，丁集团通过持有 A 公司 60% 的股份控制 A 公司，A 公司法定代表人与丁集团法定代表人为同一人，A 公司与丙公司同受丁集团控制。

2. 相关财务资料。

(1) 丙公司于 2014 年至 2016 年审定利润表数据如表 7-3 所示。

表 7-3　　　　2014—2016 年丙公司利润表数据　　　　单位：万元

序号	利润表项目	2016 年度	2015 年度	2014 年度
1	营业收入	114 000.00	100 000.00	120 000.00
2	营业成本	59 280.00	57 000.00	69 600.00
3	毛利率	52.00%	57.00%	58.00%
4	三项费用	56 000.00	48 000.00	50 000.00
5	营业利润	7 800.00	18 200.00	30 000.00
6	营业外收入	2 166.00	132.00	1 064.00
7	利润总额	10 000.00	18 000.00	28 200.00
8	所得税	3 460.00	3 326.00	5 196.00
9	净利润	6 400.00	14 800.00	25 000.00
10	营业外收入占净利润的比率	33.84%	0.89%	4.26%

(2) 营业外收入（见表 7-4）。

表 7-4　　　　2014—2016 年丙公司营业外收入数据　　　　单位：万元

项目	2016 年度	2015 年度	2014 年度
非流动资产处置利得合计	6.00	4.00	8.00
政府补助	2 022.00	30.00	920.00
其他	138.00	98.00	136.00
合计	2 166.00	132.00	1 064.00

其中，政府补助明细情况如表 7-5 所示。

表 7-5　　　　2014—2016 年政府补助明细　　　　单位：万元

项目	2016 年度	2015 年度	2014 年度
南湖开发园区管委会旅游业引导资金	1 000.00		
省现代服务业发展专项引导资金	218.00		110.00
市财政局挖潜改造资金	130.00	80.00	920.00
市财务重大建设项目补贴资金	800.00		
其他	18.00	52.00	34.00
合计	2 166.00	132.00	1 064.00

3. 2016 年度审计情况及注册会计师对政府补助实施的主要审计程序及获取的审计证据。

(1) 整体情况。

丙公司 2016 年度财务报表由 DD 会计师事务所审计，DD 会计师事务所于 2017 年 3 月 15 日出具了标准无保留意见的审计报告。

(2) 确定的重要性水平。

注册会计师确定合并层面的重要性水平为 492 万元，实际执行的重要性水平为 246 万元。

(3) 审计项目组实施的风险评估程序结论。

财务报表账户认定层次的重大错报风险：营业收入真实性、营业成本完整性、存货计价、真实性；

具体审计计划中营业外收入认定为非重要账户，理由是核算简单，拟实施的审计程序为细节测试。

（4）针对营业外收入——政府补助的具体审计程序实施情况。

注册会计师针对营业外收入——政府补助实施了以下审计程序：

①获取并编制了2016年度营业外收入明细表；

②获取并检查了政府补助的会计凭证；

③获取并检查了相关政府补助的批准文件。

对于南湖开发园区管委会旅游业引导资金1 000万元，注册会计师编制了凭证查验情况表，检查了凭证后附的记账凭证、支票复印件、当地管委会出具的情况说明。其中：支票的出票人为A公司，存根上显示出票日期为2016年12月31日，企业实际入账日为2016年12月30日。情况说明的主要内容如下：丙公司在管委会园区内投资经营了多年，实施和带动了一批旅游项目，大力提升了当地的面貌和形象，促进了当地的旅游经济发展、产业升级和新农村建设。对此，县政府决定以旅游业引导资金的形式给予政策扶持，由县政府安排财政拨付资金1 000万元予以奖励，管委会特此说明。

对于市财务重大建设项目补贴资金800万元，注册会计师编制了凭证查验情况表，检查了凭证后附的市财政拨付通知单、基本户入账凭单、省财政厅红头文件。文件中明确指出：企业在收到资金后，应严格按照有关规定，确保用于企业新酒店建设项目上，并认真履行相应的财务手续。

（二）思考题

1. 以上案例中，注册会计师通过对被审计单位的了解，对政府补助是否存在特别风险的判断是否恰当？若识别出与政府补助相关的特别风险，可能与哪些认定相关？注册会计师的识别和评估重大错报风险的程序是否存在不足之处？

2. 注册会计师针对政府补助可能产生的重大错报风险所采取的应

对措施,即实施的审计程序是否到位?获取的审计证据是否充分?如您是该项目注册会计师,可以考虑实施的进一步审计程序有哪些?

3. 对于政府补助的会计处理,注册会计师需要关注哪些可能产生重大错报的方面?

(三)思考题解答

1. 以上案例中,注册会计师通过对被审计单位的了解,对政府补助是否存在特别风险的判断是否恰当?若识别出与政府补助相关的特别风险,可能与哪些认定相关?注册会计师的识别和评估重大错报风险的程序是否存在不足之处?

问题解析:

第1141号准则及其应用指南规定,注册会计师在风险识别以及评估过程中,乃至针对政府补助的整个审计过程中,保持应有的职业怀疑,认识到存在由于舞弊导致的重大错报的可能性。保持职业怀疑要求注册会计师对获取的信息和审计证据是否表明可能存在由于舞弊导致的重大错报风险始终保持警惕,包括考虑拟用作审计证据的信息的可靠性。

第1211号准则中规定的风险评估程序包括:询问、分析程序、观察和检查。

第1211号准则中规定,在识别特别风险时注册会计师应当至少考虑:风险是否属于舞弊风险;风险是否与近期经济环境、会计处理方法或其他方面的重大变化相关,因而需要特别关注;交易的复杂程度;风险是否涉及重大的关联方交易;财务信息计量的主观程度,特别是计量结果是否具有高度不确定性;风险是否涉及异常或超出正常经营过程的重大交易。

在对政府补助是否存在特别风险进行判断时,注册会计师应当关注并考虑以下事项：大额补贴收入是否涉及异常或超出正常经营过程的重大交易的相关风险？

甲公司的案例中，该上市公司所处的化工行业近年来整体发展缓慢甚至停滞，公司销售毛利率逐年下降，于2015年出现巨额亏损，若2016年度继续亏损该上市公司将面临被ST的风险。因此，甲公司有足够的动机确保2016年度实现盈利。而从Z市财政局获取的节能减排补助使得甲公司2016年合并利润扭亏为盈，刚好达到了摆脱股票被ST的目的。此外，甲公司是Z市国资委控股的第二大企业，其特殊的政府背景使得其获得政府补助的原因值得重点关注。通过以上对甲公司及其所处环境的了解，同时基于分析性风险评估程序的结果，反映政府补助可能存在与舞弊相关的特别风险。

丙公司的案例中，在风险评估以及识别阶段，以下方面显示政府补助的真实性存疑：受国家政策的影响，高端餐饮企业业绩集体跳水，丙公司的净利润也是连年大幅度下滑。在此背景下，丙公司2016年度报表的补贴收入占净利润的33%，远高于前两年补贴收入占净利润的比例，补贴收入名目及规模与实际经济环境情况不甚匹配，补贴收入的原因及性质值得关注。

此外，丙公司收到政府补助的时间为2016年12月31日，是通过转账支票收款入账，而支票的出票人为同受一家母公司（丁集团）控制的A公司，丙公司与A公司存在关联方关系，而丙公司的会计处理反映为是一项完全与关联交易无关的政府补助，但从补助款项来源分析，该笔交易疑似关联方交易。该交易的安排是否涉嫌关联方交易舞弊？即管理层利用关联方交易掩饰亏损，虚构利润，通过各种办法和刻意的安排，致使一些关联交易从表面上看完全是两个非独立法人之间的交易，并且在报表及附注中未将该关联交易按规定作恰当、充分的披露。而其入账日为12月30日，为什么会比收到补助的时间早一天？是否有特殊的目的？

综上所述，甲公司和丙公司均存在与政府补助的发生（真实性）相关的特别风险。

丙公司的注册会计师在实施风险评估程序时，以核算简单为由将营业外收入认定为非重要账户。而甲公司的注册会计师在实施风险评估程序时，虽然将政府补助识别为重大错报风险之一，却未保持应有的职业怀疑态度，识别出可能由于舞弊导致的重大错报风险。以上案例中，注册会计师在识别和评估重大错报风险的程序中主要存在以下不足：

（1）未在风险评估与识别阶段保持应有的职业怀疑态度，未充分认识到存在由于舞弊导致的重大错报的可能性，未适当评价舞弊风险的因素。因此，对交易可能存在的种种舞弊风险的迹象未予以必要的重视，进而未识别出与政府补助相关的舞弊风险并执行相应审计程序。

（2）未充分实施风险评估与识别程序，包括未充分了解被审计单位及其所处的经济环境可能对公司业绩的影响，进而对财务报表的影响；未恰当实施分析性程序，并利用分析程序的结果来帮助判断存在由于错误或者舞弊导致的重大错报风险的可能性。

（3）在识别特别风险时，未充分考虑第1211号准则中规定的注册会计师至少需要考虑的方面，例如，涉及异常或者超出正常经营过程的重大交易的风险，涉及重大关联交易的风险，涉及舞弊的风险等。

2. 注册会计师针对政府补助可能产生的重大错报所采取的应对措施，即实施的审计程序是否到位？获取的审计证据是否充分？如您是该项目注册会计师，可以考虑实施的进一步审计程序有哪些？

问题解析：

丙公司的案例中，针对所获取的审计证据，注册会计师应当关注并考虑以下事项：（1）财务报表截止日确认大额补贴收入，会计记录的时间在收到款项的前一天,确认收入的时点可疑;(2)没有政府文件作为政府补助的依据,仅有当地管委会的情况说明,款项来源可疑;(3)支票出票人不是政府或财政部门,而是与丙公司同受一母公司控制的A公司,款项性质是否为政府补助值得怀疑。

甲公司的案例中,针对所获取的审计证据,注册会计师应当关注并考虑以下事项:(1)所获取的Z市财政局2016年度节能减排奖励通知没有正式文号,与一般财政局签发文件都有文号的常规情况相悖,此审计证据可能存在重大瑕疵;(2)控股母公司的立场使得其对该事项的书面回复的公正性及作为审计证据的有效性值得怀疑。

乙公司的案例中,针对公司收到的旧厂房拆迁款,注册会计师仅获取并核实了拆迁补偿款项的收到情况,未对该拆迁补偿事项究竟是属于资产处置还是属于政策性搬迁补偿作出专业判断,如未分析该拆迁背景及原因、补偿款项来源、后续进展安排等,未能针对政府拆迁的目的、性质及金额设计和实施恰当的审计程序,以获取充分、适当的审计证据。

注册会计师还应考虑补充实施以下进一步的审计程序:

(1)注册会计师对于管委会出具的情况说明应追查必要的支持性证据,可以通过网络搜索包括县级政府网站公开的有关的会议纪要、县级政府或同级财政部门拨付补助的审批文件等资料,同时应将相关凭证资料与政府文件内容进行比对。

(2)注册会计师应编制政府补助文件与政府补助资金来源是否一致的底稿。各级政府的补助一般由财政部门统一安排并拨付资金,款项来源与审批部门不一致时应有明确的分析判断过程,如果认可不符合的情形,建议把判断过程完整清楚地记录于工作底稿中。

(3)注册会计师发现上述明显不合理迹象时,应当怀疑是否存在舞弊行为,就补助款项的性质及目的可以与政府部门通过函证或访谈等形式进行沟通，必要时咨询律师，及至提交事务所内部质控部门集体讨论。

（4）针对政府搬迁补偿款，通过获取相关拆迁相关的政府文件，或安排与政府部门的访谈，及向政府部门实施函证程序，就政府拆迁的目的、性质、来源、金额以及后续安排向相关政府机构进行核实；就获取的政府文件、访谈的会议纪要、收到的政府回函，以及根据《企业会计准则解释第3号》的规定，对拆迁补偿事项是属于资产处置还是属于政策性搬迁补偿作出专业判断，形成相应的工作底稿。

3. 对于政府补助的会计处理，注册会计师需要关注哪些可能产生重大错报的方面？

问题解析：

《企业会计准则第16号——政府补助》规定，政府补助是指企业从政府无偿取得货币性资产或非货币性资产，但不包括政府作为企业所有者投入的资本。政府补助分为与资产相关的政府补助和与收益相关的政府补助。与资产相关的政府补助，是指企业取得的、用于购建或以其他方式形成长期资产的政府补助。与收益相关的政府补助，是指除与资产相关的政府补助之外的政府补助。

丙公司的案例中，政府补助中市财务重大建设项目补贴资金800万元是给予丙公司建设新酒店的补助，符合与资产相关的政府补助定义，会计处理上应当确认为递延收益，并在相关资产使用寿命内平均分配计入损益。丙公司的会计处理不符合准则的相关规定。

《企业会计准则第16号——政府补助》规定，政府补助同时满足下列条件的，才能予以确认：（1）企业能够满足政府补助所附条件；（2）企业能够收到政府补助。对于与收益相关的政府补助，用于补偿企业以后期间的相关费用或损失的，确认为递延收益，并在确认相关费用的期间，计入当期损益。

注册会计师还需要关注政府补助是否满足确认条件，针对附有条件的政府补助，获取充分、适当的审计证据来支持所附条件是否已满足或者能够满足，来判断政府补助是否存在提前或者延后确认的错报风险。

（四）从上述案例中可借鉴的教训和相关的经验

结合上述的分析，可以总结注册会计师的审计工作主要存在以下不足：

1. 注册会计师没有关注到政府补助金额对利润总额的影响程度及绝对金额的变动情况，甚至于起到扭亏为盈的作用；执行风险评估程序时也未把营业外收入的大额增加确定为风险领域，影响项目审计人员对营业外收入的关注程度及执行的具体审计程序。

2. 注册会计师获取并检查了政府补助的会计凭证，但没有关注补助的取得时点，没有关注记账凭证与附件的时间冲突，没有关注支票出票人与批准文件的政府部门的一致性，没有关注政府补助是否直接从政府获得这一重要特征。

3. 注册会计师获取并检查了相关政府补助的批准文件，却没有关注批准文件的形式及内容与企业的会计处理是否一致。

4. 注册会计师未对明显异常的事项保持应有的职业怀疑，包括政府补助以支票形式支付，支票出票人不是政府财政部门而是关联方企业，政府补助相关文件没有正式文号等异常事项，更没有实施进一步的追查程序，以获取恰当证据支持认定；项目完成阶段的分析性复核也未对营业外收入存在的异常情况进行解释。

5. 注册会计师未关注政府补助中隐含的舞弊风险，包括：管理层为达到一定的业绩目的而存在的粉饰报表的舞弊情形，管理层利用关联方交易掩饰亏损、虚构利润的行为。

6. 注册会计师对于政府补助所执行的审计程序以及获取的审计证据未形成完整的工作底稿，从而不能为注册会计师得出的结论提供适当的依据。

在政府补助对财务报表有重大影响时，注册会计师应防范与政府补助相关的重大错报风险：

1. 注册会计师应重点分析公司粉饰财务报表的舞弊动机，应充分了解公司利润的构成及主要来源。如果存在对财务报告影响重大的政府补助，注册会计师应将其作为重点关注领域并安排有足够胜任能力的人员对其进行审计。

2. 注册会计师应认真检查政府补助相关文件，应对政府补助的真实性保持合理怀疑态度，并考虑补助项目是否明显违背国家产业政策和相关法律法规的规定，是否存在明显不合理的情形；在发现政府补助文件规定不明确或存在明显不合理迹象时，注册会计师应与相关政府部门进行访谈沟通或执行函证程序，或在必要时聘请律师或其他外部专家提供意见。

3. 注册会计师应该在对政府补助内容了解的基础上，确认企业是否正确划分了两类政府补助：与资产相关的政府补助、与收益相关的政府补助。如果是与资产相关的政府补助，还要进一步判断企业是否通过"递延收益"科目核算收到的政府补助，并且自相关资产可供使用时起，在该项资产使用寿命内平均分摊。

4. 注册会计师应该关注企业收到的搬迁补偿是否适用《企业会计准则解释第 3 号》的相关规定，并获取相关审计证据来验证相关会计处理的合理性。

5. 注册会计师应该关注与政府补助相关的财务报表列报以及披露是否符合会计准则的规定，特别关注将政府补助作为经常性损益列报的依据是否充分。

综上所述，作为注册会计师审计的重要风险领域，特别是在针对上市公司或拟上市公司的财务报表审计中，对于政府补助的审计，注册会计师不应仅仅停留在获取及核对进账单和相关批准文件上，应该时刻牢记运用风险导向审计理念，防范上市公司凭借缺乏实质或性质存疑的地方政府补助达到操纵利润、美化财务报表的目的。

第八章 集团财务报表案例分析

一、集团财务报表审计的特性

集团财务报表审计通常是注册会计师在执行审计工作时的一个重点和难点。集团财务报表，是指包括一个以上组成部分财务信息的财务报表。集团财务报表也指没有母公司但处在同一控制下的各组成部分编制的财务信息所汇总生成的财务报表。比较于单一实体的财务报表，集团财务报表具有如下特点：

1. 集团财务报表涉及的财务信息范围更多、更广泛，也更复杂；例如：由于集团内组成部分可能分属于不同行业，可能设立在不同国家或地区而会选择不同的会计政策或会计准则来编制财务报表。

2. 注册会计师的审计风险更大，审计工作量也更大。审计风险取决于重大错报风险和检查风险。在集团财务报表审计中，审计风险包括组成部分注册会计师可能没有发现组成部分财务信息可能存在的错报（该错报可能导致集团财务报表产生重大错报）的风险，以及集团项目组可能没有发现该错报的风险。集团项目组需要确定组成部分工作的性质、时间安排和范围，并参与组成部分注册会计师的工作，因此审计工作量更大。

随着经济环境的不断变化和科技的发展，为了更好地整合资源、发挥规模优势，以应对国内外市场的激烈竞争，很多企业的集团化经营变得越来越普遍。集团审计也成为会计师事务所重要的业务种类，集团审计在审计风险确认、审计策略的确定以及审计资源的分配等方面均存在着各种挑战。为了应对这些挑战，作为注册会计师，我们必须及时跟进这些变化，学习针对集团审计的基于风险导向审计的集团审计策略和方法，以提高审计效率、控制审计风险，为集团报表提供恰当的审计意见。

二、执行集团财务报表审计的策略和方法

（一）审计计划阶段——通过充分了解集团及其环境和组成部分并制定总体审计策略和具体审计计划

第1401号准则相关规定如下：

第二十五条　集团项目合伙人应当确定是否能够合理预期获取与合并过程和组成部分财务信息相关的充分、适当的审计证据，以作为形成集团审计意见的基础。因此，集团项目组应当了解集团及其环境、集团组成部分及其环境，以足以识别可能的重要组成部分。如果组成部分注册会计师对重要组成部分财务信息执行相关工作，集团项目合伙人应当评价集团项目组参与组成部分注册会计师工作的程度是否足以获取充分、适当的审计证据。

第二十八条　集团项目组应当按照《中国注册会计师审计准则第1201号——计划审计工作》的规定，制定集团总体审计策略和具体审计计划。

第二十九条　集团项目合伙人应当复核集团总体审计策略和具体审计计划。

第三十条　注册会计师应当通过了解被审计单位及其环境，识别和评估财务报表重大错报风险。

集团项目组应当：

（1）在业务承接或保持阶段获取信息的基础上，进一步了解集团及其环境、集团组成部分及其环境，包括集团层面控制；

（2）了解合并过程，包括集团管理层向组成部分下达的指令。

第三十一条 集团项目组应当对集团及其环境、集团组成部分及其环境获取充分的了解，以足以：

（1）确认或修正最初识别的重要组成部分；

（2）评估由于舞弊或错误导致集团财务报表发生重大错报的风险。

基于上述审计准则的规定，注册会计师在审计计划阶段应当做到：

1. 集团项目组应当与被审计集团的管理层和治理层进行深入的沟通和洽谈。集团项目组应当了解审计范围、审计目的、组成部分的构成、集团管理层对组成部分的管理控制程度和方式等。由于集团审计工作面临着合并层级多、合并个体数量多、业务领域多元化等各种特点，除了和个别财务报表审计一样需要了解客户的股权结构、组织架构、经营情况、内部关联方往来的核算方法等，需要指出的是，在集团审计过程中，审计项目团队应当特别增加对集团财务报表合并过程的了解，包括财务数据如何从组成部分流转至集团财务部门；集团财务部门如何搜集各类财务信息；集团财务部门如何审核这些财务信息；组成部分财务系统与集团财务系统是否兼容，是否能实时更新等相关信息。通过上述的初步沟通和了解，集团项目组方能够形成初步的审计计划。

根据第1401号准则应用指南的要求，集团项目组可能需要对下列事项进行了解：

（1）集团结构，包括法律意义上的结构和组织结构（即集团财务报告系统是如何组织的）；

(2) 组成部分中对集团重要的业务活动,包括业务活动在何种行业状况、监管环境以及经济和政治环境下发生;

(3) 对服务机构的利用,包括共享服务中心;

(4) 对集团层面控制的描述;

(5) 合并过程的复杂程度;

(6) 对组成部分财务信息执行相关工作的组成部分注册会计师是否不属于集团项目合伙人所在的会计师事务所及其网络,以及集团管理层委托多家会计师事务所的理由;

(7) 集团项目组是否可以不受限制地接触集团治理层和管理层、组成部分治理层和管理层、组成部分信息和组成部分注册会计师(包括集团项目组需要获取的相关审计工作底稿),以及是否可以对组成部分财务信息执行必要的工作。

2. 制定总体审计策略和具体审计计划。根据上述了解到的情况,审计团队应当确定需要审计的集团内组成部分的数量、所属行业、所在地、特殊的行业风险或其他风险等事项,从而识别出重要组成部分。识别重要组成部分,对于制定总体审计策略来说尤为重要。通常来说,重要组成部分包括两种情形:(1) 具有财务重大性的单个组成部分;(2) 具备特定性质或情况,可能存在导致集团财务报表发生重大错报的特别风险的单个组成部分。

3. 集团项目组可以从"定量"和"定性"两个角度来确定重要组成部分。

(1) 从"定量"来判断重要组成部分。一般情况下,集团项目组可以通过考虑选定的某一基准并将选定的基准乘以某一百分比,以协助识别对集团具有财务重大性的单个组成部分。确定判断基准以及百分比属于集团项目组的职业判断。可以根据集团的性质和具体情况,选用适当的基准,例如集团资产、总负债、现金流量、利润总额或者营业收入等。例如，集团项目组可能认为超过选定基准15%的组成部分是重要组成部分。当然，较高或较低的百分比也可能是适合具体情况的。

（2）从"定性"来判断重要组成部分。定性分析更多地需要运用注册会计师的职业判断。某些组成部分由于其特定性质或情况，可能存在导致集团财务报表发生重大错报的特别风险。集团项目组可以根据各组成部分的行业特点、业务类型、是否涉及重大会计估计和判断、是否发生重大事件，例如并购收购业务等方面来判断存在哪些重大错报的特别风险。例如，某组成部分进行外汇交易，虽然其对集团并不具有财务重大性，但仍使集团面临导致重大错报的特别风险。

根据第1401号准则应用指南的要求，集团项目组确定选择多少组成部分、选择哪些组成部分以及对所选择的每个组成部分财务信息执行工作的类型，可能受到下列因素的影响：

（1）预期就重要组成部分财务信息获取审计证据的程度；

（2）组成部分是新设立的还是收购的；

（3）组成部分是否发生重大变化；

（4）内部审计是否对组成部分执行了工作，以及内部审计工作对集团审计的影响；

（5）组成部分是否应用相同的系统和程序；

（6）集团层面控制运行的有效性；

（7）通过在集团层面实施分析程序识别出的异常波动；

（8）与同类其他组成部分相比，某组成部分是否对集团具有财务重大性，或可能导致风险；

（9）是否因法律法规要求或其他原因需要对组成部分执行审计。

选择不为被审计单位预见的同类其他组成部分，可以增加识别组成部分财务信息重大错报的可能性。对组成部分的选择通常实行定期轮换。

通过上述判断和风险分析而形成的重要组成部分，集团审计项目组应当考虑制定单独的重要性水平，制定相应的审计策略，例如执行全面审计或者执行特定的审计程序等。在审计资源的分配上，这些重要组成部分一般也应当有所倾斜，因为把握住这些重要组成部分上的风险一定程度上也代表着把握住了合并财务报表整体层面的重大风险。

4. 集团项目组应当运用风险导向的审计理念，对集团审计进行进一步分析，确定其他组成部分，并执行相应审计程序，以期将审计风险降低至可接受水平。风险导向型审计要求注册会计师运用职业判断来评估被审计单位的风险，结合集团报表审计的特点，考虑审计效率和效果，确定审计应对措施。这是集团审计贯彻风险导向型审计理念的重要突出特点，也是集团财务报表审计的一大难点。一般来说，对"其他组成部分"常见的工作类型包括：特定审计程序、财务信息审阅、集团层面财务信息分析等程序。

集团财务报表审计的组成部分分类以及执行的审计工作类型如表8-1所示。

表8-1

组成部分种类	二级分类	重要性水平	财务报表审计策略
重要组成部分	具有财务重大性组成部分	使用组成部分重要性水平	对组成部分财务信息执行全面的审计工作
	由于其特定性质或情况，可能存在导致集团财务报表发生重大错报的特别风险的重要组成部分	使用组成部分重要性水平	(1) 使用组成部分重要性对组成部分财务信息实施审计； (2) 针对与可能导致集团财务报表发生重大错报的特别风险相关的一个或多个账户余额、一类或多类交易或披露事项实施审计； (3) 针对可能导致集团财务报表发生重大错报的特别风险实施特定的审计程序

续表

组成部分种类	二级分类	重要性水平	财务报表审计策略
不重要组成部分	存在重要账户、列报、认定	使用集团层面的重要性水平	在集团层面实施分析程序
		使用集团层面的重要性水平	如果集团项目组认为执行了以下工作后，仍不能获取形成集团审计意见所依据的充分、适当的审计证据，集团项目组应当选择某些不重要的组成部分，并对已选择的组成部分财务信息亲自执行或由代表集团项目组的组成部分注册会计师执行下列一项或多项工作，集团项目组应当在一段时间之后更换所选择的组成部分： （1）对重要组成部分财务信息执行的工作； （2）对集团层面控制和合并过程执行的工作； （3）在集团层面实施的分析程序
	不存在重要账户、列报、认定	不纳入审计范围	

应当特别指出的是，在集团财务报表审计过程中，集团项目组和组成部分注册会计师之间的充分沟通也尤为重要。第 1401 号准则第四十三条规定，如果组成部分注册会计师对重要组成部分财务信息执行审计，集团项目组应当参与组成部分注册会计师实施的风险评估程序，以识别导致集团财务报表发生重大错报的特别风险。集团项目组参与的性质、时间安排和范围受其对组成部分注册会计师所了解情况的影响，但至少应当包括：

（1）与组成部分注册会计师或组成部分管理层讨论对集团而言重要的组成部分业务活动；

（2）与组成部分注册会计师讨论由于舞弊或错误导致组成部分财务信息发生重大错报的可能性；

（3）复核组成部分注册会计师对识别出的导致集团财务报表发生重大错报的特别风险形成的审计工作底稿。审计工作底稿可以采用备忘录的形式，反映组成部分注册会计师针对识别出的特别风险得出的结论。

第 1401 号准则第四十四条规定，如果在由组成部分注册会计师执行相关工作的组成部分内，识别出导致集团财务报表发生重大错报的特别风险，集团项目组应当评价针对识别出的特别风险拟实施的进一步审计程序的恰当性。根据对组成部分注册会计师的了解，集团项目组应当确定是否有必要参与进一步审计程序。

(二) 审计执行阶段——实时督导和及时沟通

在集团审计过程中，集团项目组应当对组成部分注册会计师实施实时督导并与组成部分注册会计师进行及时沟通。

第 1401 号准则第五十三条规定，集团项目组应当及时向组成部分注册会计师通报工作要求。通报的内容应当明确组成部分注册会计师应执行的工作和集团项目组对其工作的利用，以及组成部分注册会计师与集团项目组沟通的形式和内容。

通报的内容还应当包括：

(1) 在组成部分注册会计师知悉集团项目组将利用其工作的前提下，要求组成部分注册会计师确认其将配合集团项目组的工作。

(2) 与集团审计相关的职业道德要求，特别是独立性要求。

(3) 在对组成部分财务信息实施审计或审阅的情况下，组成部分的重要性和针对特定类别的交易、账户余额或披露采用的一个或多个重要性水平（如适用）以及临界值，超过临界值的错报不能视为对集团财务报表明显微小的错报。

(4) 识别出的与组成部分注册会计师工作相关的、由于舞弊或错误导致集团财务报表发生重大错报的特别风险。集团项目组应当要求组成部分注册会计师及时沟通所有识别出的、在组成部分内的其他由于舞弊或错误可能导致集团财务报表发生重大错报的特别风险，以及组成部分注册会计师针对这些特别风险采取的应对措施。

(5) 集团管理层编制的关联方清单和集团项目组知悉的任何其他关联方。集团项目组应当要求组成部分注册会计师及时沟通集团管理层或集团项目组以前未识别出的关联方。集团项目组应当确定是否需要将新识别的关联方告知其他组成部分注册会计师。

此外，沟通应该是双向的，除了集团项目组应当向组成部分注册会计师沟通外，组成部分也应当向集团项目组进行沟通。第 1401 号准则第五十四条规定，集团项目组应当要求组成部分注册会计师沟通与得出集团审计结论相关的事项。沟通的内容应当包括：

（1）组成部分注册会计师是否已遵守与集团审计相关的职业道德要求，包括对独立性和专业胜任能力的要求；

（2）组成部分注册会计师是否已遵守集团项目组的要求；

（3）指出作为组成部分注册会计师出具报告对象的组成部分财务信息；

（4）因违反法律法规而可能导致集团财务报表发生重大错报的信息；

（5）组成部分财务信息中未更正错报的清单（清单不必包括低于集团项目组通报的临界值且明显微小的错报）；

（6）表明可能存在管理层偏向的迹象；

（7）描述识别出的组成部分层面值得关注的内部控制缺陷；

（8）组成部分注册会计师向组成部分治理层已通报或拟通报的其他重大事项，包括涉及组成部分管理层、在组成部分层面内部控制中承担重要职责的员工以及其他人员（在舞弊行为导致组成部分财务信息出现重大错报的情况下）的舞弊或舞弊嫌疑；

（9）可能与集团审计相关或者组成部分注册会计师期望集团项目组加以关注的其他事项，包括在组成部分注册会计师要求组成部分管理层提供的书面声明中指出的例外事项；

（10）组成部分注册会计师的总体发现、得出的结论和形成的意见。

总而言之，在集团财务报表审计中，集团注册会计师对组成部分注册会计师之间的督导和双方充分沟通是非常必要的。督导和沟通应该贯彻于审计的全过程。当然，可以根据实际情况确定沟通的形式，口头、电话、书面或者电子邮件形式均可，但是要特别注意的是，注册会计师应当就沟通主要内容形成完整的工作底稿记录留存。

（三）审计完成阶段——充分复核和及时沟通

审计完成阶段一般指财务报表审计的外勤工作结束，在这个时候，集团注册会计师对组成部分注册会计师工作的复核就尤为重要。根据第1401号准则第五十五条和第五十六条的规定，集团项目组应当评价与组成部分注册会计师沟通的如下事项：

1. 与组成部分注册会计师、组成部分管理层或集团管理层（如适用）讨论在评价过程中发现的重大事项；

2. 确定是否有必要复核组成部分注册会计师审计工作底稿的相关部分。

另外，审计完成阶段的沟通还包括集团项目组与集团管理层和集团治理层的沟通。根据第1401号准则第五十九至六十二条的规定，集团项目组应当与集团治理层和集团管理层沟通如下事项：

1. 识别出的内部控制缺陷，包括识别出的集团层面内部控制缺陷，集团项目组识别出的组成部分层面内部控制缺陷以及组成部分注册会计师提请集团项目组关注的内部控制缺陷；

2. 集团注册会计师识别出的舞弊或组成部分注册会计师提请集团项目组关注的舞弊；

3. 因法律法规要求或其他原因，组成部分注册会计师可能需要对组成部分财务报表发表审计意见。在这种情况下，集团项目组应当要求集团管理层告知组成部分管理层其尚未知悉的、集团项目组注意到的可能对组成部分财务报表产生重要影响的事项。如果集团管理层拒绝向组成部分管理层通报该事项，集团项目组应当与集团治理层进行讨论；

4. 对组成部分财务信息拟执行工作的类型的概述；

5. 在组成部分注册会计师对重要组成部分财务信息拟执行的工作中，集团项目组计划参与其工作的性质的概述；

6. 对组成部分注册会计师的工作作出的评价，引起集团项目组对其工作质量产生疑虑的情形；

7. 集团审计受到的限制，如集团项目组接触某些信息受到的限制；

8. 涉及集团管理层、组成部分管理层、在集团层面控制中承担重要职责的员工以及其他人员（在舞弊行为导致集团财务报表出现重大错报的情况下）的舞弊或舞弊嫌疑。

三、集团财务报表审计案例分析

（一）公司情况

甲集团是一家国资委下属大型国有独资企业，成立于2003年，主要业务构成为汽车销售、服务、交通客运和现代物流、商贸物流、物业经营等板块，截至2015年底，合并报表范围内企业150家，联营企业20家。集团总部为控股集团，主要收入及利润均来源于下属企业，主要情况如表8-2所示。

表 8-2　　　　　　　　　　　　　　　　　　　　　　　　　　　单位：万元

单位	经营范围	资产总额	净资产总额	营业收入	利润总额
集团总部	投资控股	1 125 705.84	703 008.10	3 216.02	34 027.08
交通集团	汽车销售	1 231 483.14	393 424.54	2 699 015.86	74 346.40
商贸集团	商业贸易	758 695.76	366 317.86	1 048 808.98	32 144.20
其他公司		1 261 291.60	687 874.84	432 044.56	52 772.12
合并抵销		-1 301 586.26	-703 552.32	-35 592.46	-35 576.76
合计		3 075 590.08	1 447 073.04	4 147 492.98	157 713.04

由表 8-2 可知，甲集团主要资产和利润主要来源于交通集团和商贸集团，这两家二级公司总部与集团总部类似，为控股公司，主要资产和收入来源于其下属企业。

交通集团下属企业主要是汽车销售 4S 店（法人实体），资产和收入分散于 32 家 4S 店以及其他配套汽车修理、租赁企业，业态相对简单；商贸集团主要从事化妆品分销代理、连锁经营以及其他专业市场经营服务等业务，资产和销售分散于其下属 39 家子公司，上下游关系相对复杂，对公司内部控制水平有较高的要求。

甲集团截至 2015 年底资产总额 308 亿元，主要构成包括货币资金 90 亿元、存货 48 亿元、成本模式计量的投资性房地产 30 亿元、固定资产 74 亿元、其他资产 66 亿元；营业总收入 414 亿元，主要构成包括汽车销售 264 亿元、其他商品销售 100 亿元、其他 50 亿元。

自 2013 年起，EE 会计师事务所注册会计师一直为甲集团提供年报审计服务。交通集团及其他公司由 EE 会计师事务所注册会计师执行审计，商贸集团由 FF 会计师事务所注册会计师参审，EE 会计师事务所注册会计师利用其工作。

如前所述，甲集团合并范围内企业较多，资产和收入分散于集团内各三级、四级子公司，且股权关系复杂，各业务板块分层级纳入集团管控，集团项目组注册会计师在审计计划阶段的工作应当设计并执行有效的集团审计策略，保证审计工作以有效的方式得到执行。

(二) 计划阶段针对集团审计注册会计师实施的主要审计程序

1. 注册会计师了解被审计单位及其环境、在被审计单位整体层面了解和评价内部控制、编制风险评估汇总表并执行了对货币资金循环等 7 个业务层面的内部控制了解。

2. 注册会计师编制了总体审计策略及计划，明确了审计范围和项目进度安排，明确了重要性水平（财务报表重要性水平 15 378 万元，实际执行的重要性水平 11 534 万元和明显微小错报金额 770 万元），在审计策略中将收入、固定资产、营业成本、税金、往来款等报表项目认定存在重大错报风险，并确定了总体应对措施。

3. 注册会计师编制了集团审计的特殊考虑底稿，将交通集团和商贸集团识别为重要组成部分，基于下属二级子公司均需出具审计报告的考虑，注册会计师拟对除商贸集团外所有二级子公司执行财务报表全面审计；集团项目组注册会计师按一定比例将各组成部分的集团层面确定的重要性水平分配至各组成部分，要求各组成部分注册会计师使用分配的重要性水平执行审计工作。

4. 各组成部分大部分由 EE 会计师事务所的注册会计师执行审计工作，其中，商贸集团（占资产总额的 25%，其中，应收账款期末余额占合并报表的 48%，营业收入总额占合并报表的 25%，利润总额占合并报表的 20%）由 FF 会计师事务所注册会计师完成审计工作，集团项目组注册会计师利用其工作。集团项目组注册会计师对 FF 会计师事务所注册会计师发出了集团审计指令函，要求参审所注册会计师按照集团审计指令的要求执行组成部分的审计工作。

审计指令函主要包括以下内容：

（1）甲集团的基本情况；

（2）本年度发生的重组和重大固定资产投资事项；

（3）财务报告报出的时间要求和职业道德要求；

（4）提供了关联方清单；

（5）明确了集团项目组针对商贸集团分配的重要性水平；

（6）提出了对商贸集团的内部控制进行了解和测试的具体要求，包括从行业状况、法律环境、监督环境及其他外部因素到被审计单位的内部控制等方面，了解被审计单位及其环境；其中，对内部控制应着力通过对审计单位内部控制五要素结合业务循环进行了解，了解、测试与审计相关的内部控制，评估可能导致财务报表的重大错报风险；

（7）提出了对实质性程序的具体要求，包括各银行账户100%发函询证、实物资产的监盘抽盘比例达到70%、对大额往来进行函证等；

（8）其他，包括期后事项、内部审计工作的利用、书面声明的获取、错报沟通，等等。

集团项目组获取了FF会计师事务所的组成部分注册会计师确认函。组成部分注册会计师确认将按照指令函的要求执行工作并配合集团项目组的工作；确认了其充分了解执业道德守则的要求并予以遵守；

集团项目组获取了FF会计师事务所注册会计师提供的审计策略。在其审计策略中表明商贸集团在计划阶段未发现需应对的特别风险，且未说明理由。

5. 针对集团层面的20家联营、合营企业，集团项目组拟收集各企业的2015年度财务报表审计报告，并据以作为权益法核算的基础。

（三）思考题

1. 集团项目组对被审计单位内部控制的了解和评价的工作是否完整？

2. 集团项目组编制的甲集团层面总体审计策略是否完整？请说明理由。

3. 集团项目组对 FF 会计师事务所工作的利用执行的审计程序是否充分？你如何评价 EE 会计师事务所与 FF 会计师事务所之间的督导和沟通工作？

4. 针对集团层面的 20 家联营、合营企业，集团项目组拟采用的审计程序是否合理？

(四) 思考题解答

1. 集团项目组对被审计单位内部控制的了解和评价的工作是否完整？

问题解析：

集团项目组对被审计单位内部控制的了解和评价的工作不尽完整。从背景资料中发现，集团项目组未结合对甲集团的了解，关注该集团层面控制（包括但不限于集团合并财务报表流程）的设计和执行，以识别和评估可能存在的重大错报风险。甲集团合并范围内企业众多，资产和收入分散于集团内各三级、四级子公司，且股权关系复杂，各业务板块分层级纳入集团管控，集团层面以及各二级企业管理层对各下属企业集团各企业层面控制的设计和执行是否有效，直接影响管理层编制报表的过程和结果。

第 1401 号准则第三十条规定，注册会计师应当通过了解被审计单位及其环境，识别和评估财务报表重大错报风险。集团项目组应当：

(1) 在业务承接或保持阶段获取信息的基础上，进一步了解集团及其环境、集团组成部分及其环境，包括集团层面控制；

(2) 了解合并过程，包括集团管理层向组成部分下达的指令。

而集团项目组仅在整体层面了解和评价内部控制显然是不足够的。此外，集团项目组仅对货币资金循环等 7 个业务层面的内部控制进行了了解，未进一步评价和测试相关内部控制。根据审计准则的规定，只有通过对相关内部控制的了解、测试，集团项目组才可以识别控制缺陷及对进一步审计程序的影响。因此，集团项目组已执行的工作不能识别控制缺陷并分析其对集团层面财务报告的影响。

因此，在对被审计单位基本情况及内部控制了解阶段，EE 会计师事务所集团项目组还需重点关注甲集团公司管理层针对集团内与子公司管理相关的重要控制流程，如集团公司对子公司的控制（包括权限划分、业绩考核办法等）、合并过程、与合并调整有关的事项，进行了解和测试，以识别控制缺陷并分析其对集团层面财务报告的影响。

2. 集团项目组编制的甲集团层面总体审计策略是否完整？请说明理由。

问题解析：

集团项目组编制的甲集团层面总体审计策略不完整。

（1）未按照适当的标准识别重要组成部分（包括具有财务重大性的组成部分和由于其特定性质或情况确定的有特别风险的重要组成部分）以及重要账户，未针对各个组成部分评估、分析其重点审计领域，明确重要账户以及各重要组成部分的审计策略，未编制具体审计计划以指导各组成部分按照集团项目组要求完成审计工作。

（2）重点审计领域确定不完整，集团项目组针对集团公司本部制定的审计策略未考虑将集团公司合并报表相关领域确认为重点审计领域。此外，基于其二级子公司也为控股子集团的情况，集团项目组同样应当将与合并报表编制相关的领域作为各组成部分项目组的重要审计领域，并体现在审计策略当中。

第 1201 号准则第八条规定，在制定总体审计策略时，注册会计师应当根据职业判断，考虑用以指导项目组工作方向的重要因素。

注册会计师已执行的工作不满足第 1201 号准则第七条和第十一条的相关要求。

EE 会计师事务所集团项目组应当在对甲集团充分了解的基础上，针对不同业务板块的组成部分评估、分析其重点审计领域，明确重要账户以及各重要组成部分的审计策略，并编制具体审计计划以指导各组成部分按照集团项目组要求完成审计工作。同时，以此为基础指导、监督并复核其他组成部分项目组按确定的标准执行审计程序，为获取充分、适当的审计证据提供合理保证。

3. 集团项目组对 FF 会计师事务所工作的利用执行的审计程序是否充分？你如何评价 EE 会计师事务所与 FF 会计师事务所之间的督导和沟通工作？

问题解析：

集团项目组对组成部分项目组即 FF 会计师事务所工作的利用执行的审计程序不充分。

第一，占集团合并报表比重较大的商贸集团由 FF 会计师事务所审计。EE 会计师事务所集团项目组未与其沟通相关组成部分可能存在的高风险领域，并未在指令函中明确集团项目组基于合并报表审计目的，要求其组成部分项目组特别应对的高风险领域。根据审计准则的规定，集团项目组与组成部分项目组通报的内容应当包括：

①识别出的与组成部分注册会计师工作相关的、由于舞弊或错误导致集团财务报表发生重大错报的特别风险。集团项目组应当要求组成部分注册会计师及时沟通所有识别出的、在组成部分内的其他由于舞弊或错误可能导致集团财务报表发生重大错报的特别风险，以及组成部分注册会计师针对这些特别风险采取的应对措施。

②集团管理层编制的关联方清单和集团项目组知悉的任何其他关联方。集团项目组应当要求组成部分注册会计师及时沟通集团管理层或集团项目组以前未识别出的关联方。集团项目组应当确定是否需要将新识别的关联方告知其他组成部分注册会计师。

显然，在集团项目组注册会计师对 FF 会计师事务所注册会计师发布的集团审计指令函中并未包括上述应当通报的内容。

第二，从背景资料中可以看出，FF 事务所注册会计师未将收入确认作为特别风险且未说明理由，集团项目组针对这一情况也未予以关注并进一步跟踪。这表明集团项目组并未参与组成部分项目组的风险评估程序，集团项目组与 FF 注册会计师事务所之间的沟通是存在问题的，不符合第 1401 号准则第四十三条的规定，即如果组成部分注册会计师对重要组成部分财务信息执行审计，集团项目组应当参与组成部分注册会计师实施的风险评估程序，以识别导致集团财务报表发生重大错报的特别风险。集团项目组参与的性质、时间安排和范围受其对组成部分注册会计师所了解情况的影响，但至少应当包括：

（1）与组成部分注册会计师或组成部分管理层讨论对集团而言重要的组成部分业务活动；

（2）与组成部分注册会计师讨论由于舞弊或错误导致组成部分财务信息发生重大错报的可能性；

（3）复核组成部分注册会计师对识别出的导致集团财务报表发生重大错报的特别风险形成的审计工作底稿。审计工作底稿可以采用备忘录的形式，反映组成部分注册会计师针对识别出的特别风险得出的结论。

因此，集团项目组针对其他组成部分项目组回函中提及的内容应予以进一步跟踪，与 FF 会计师事务所讨论其审计策略中确定的重大错报风险领域是否恰当，是否需修改审计策略。注册会计师应当参与组成部分项目组的风险评估程序，至少包括：

①与组成部分注册会计师或组成部分管理层讨论对集团而言重要的组成部分业务活动；

②与组成部分注册会计师或组成部分管理层讨论由于舞弊或错误导致组成部分财务信息发生重大错报的可能性；

③复核组成部分注册会计师对识别出的导致集团财务报表发生重大错报的特别风险形成的审计工作底稿。

4. 针对集团层面的 20 家联营、合营企业，集团项目组拟采用的审计程序是否合理？

针对联营、合营企业的财务信息，集团项目组拟利用其他注册会计师执行审计，但未按照审计准则的要求判断其他注册会计师的工作是否能够为集团报表审计提供充分适当的审计证据。

（五）从上述案例中可借鉴的教训和相关经验

1. 注册会计师仅在被审计单位整体层面了解和评价内部控制并执行对货币资金循环等 7 个业务层面的内部控制的了解。了解和评价被审计单位及其环境过于简单，未进一步了解集团组成部分及其环境，未进一步了解合并过程，未进一步对业务层面的内部控制进行评价和测试。

2. 注册会计师编制的总体审计策略及计划过于简单。未按照适当的标准识别重要组成部分，重点审计领域确定不完整，集团项目组针对集团公司本部制定的审计策略未考虑将集团公司合并报表相关领域确认为重点审计领域。"良好的开端是成功的一半"，在集团财务报表审计中，计划阶段的工作是极其重要的，注册会计师一定要舍得在计划阶段投入时间，投入精力，完整地思考并制定全面的审计策略。

3. 集团项目组与组成部分注册会计师之间的沟通不充分。在集团审计中，集团项目组应当完整地将识别出的舞弊风险以及其他特别风险通告给组成部分注册会计师；而组成部分注册会计师则应当就发现的重大错报或舞弊等重大事项积极与集团项目组进行沟通，集团项目组应当及时地执行进一步的审计程序。

4. 对联营、合营企业的审计策略过于简单。集团项目组应当综合判断其他注册会计师的工作是否能够为集团财务报表审计提供充分适当的审计证据。

附录

中国注册会计师协会关于印发《关于加强从事证券服务业务会计师事务所执业质量自律监管的意见》的通知

各省、自治区、直辖市注册会计师协会：

《关于加强从事证券服务业务会计师事务所执业质量自律监管的意见》于 2020 年 9 月 1 日经中注协常务理事会审议通过，现予印发。各地方注协可以直接按照本意见，加强对所在地事务所自律监管，也可以根据本意见，制定本地区的自律监管意见。

经法律、行政法规规定的关系公众利益的其他特定业务的监管，参照本意见执行。

附件：

1. 关于加强从事证券服务业务会计师事务所执业质量自律监管的意见
2. 《关于加强从事证券服务业务会计师事务所执业质量自律监管的意见》的说明

中国注册会计师协会
2020 年 9 月 18 日

附件 1

关于加强从事证券服务业务会计师事务所执业质量自律监管的意见

为贯彻落实新《证券法》和国务院关于深化放管服改革、加强和规范事中事后监管的有关精神，进一步督促会计师事务所提升质量管理水平，维护公众利益，根据《注册会计师法》和中注协章程，现对加强从事证券服务业务会计师事务所（以下简称事务所）的执业质量自律监管，提出以下意见。

一、总体要求

（一）指导思想

以习近平新时代中国特色社会主义思想为指导，全面贯彻党的十九大和十九届二中、三中、四中全会精神，深入贯彻习近平总书记关于注册会计师行业要"紧紧抓住服务国家建设这个主题和诚信建设这条主线"、要增强会计审计机构自律性公正性和专业化水平、要在完善党和国家监督体系中发挥审计监督财会监督作用的系列重要批示指示，加强党对行业自律监管工作的全面领导，丰富监管手段，加大监管力度，拓展监管功能，打造具有中国特色的证券服务业务自律监管模式，促进行业高质量发展。

（二）基本原则

公开透明。坚持以公开为常态、不公开为例外，推进自律监管规则、标准、过程、结果等依法公开，接受社会监督。

科学高效。尊重行业发展规律，充分发挥现代科技手段在自律监管中的作用，发展数字化监管，提升行业监管工作实效。

寓管于服。坚持管理与服务并重，指导与惩戒并重。既严格监管、严格惩戒，又发挥监管服务功能，帮助事务所完善质量管理体系，提高执业能力，提升执业质量。

二、强化风险预警和提示

（三）开展常态化诚信教育

开展常态化风险教育和诚信教育，结合监管发现的重大共性问题，以真实案例宣传证券审计业务风险、监管规则和法律责任，促进事务所提高风险意识，根据自身胜任能力审慎承接业务，恪守执业准则规则和职业道德守则，诚信执业。

（四）实时监测事务所执业情况

健全事务所执业异常情况监测机制，实时监测事务所承接证券服务业务、审计团队转所、审计机构变更、审计收费、媒体关注与质疑等事项，将发现的审计收费明显低于成本、以不正当方式承揽业务、被实名投诉或者举报、业务报告数量明显超出服务能力、一体化管理薄弱、被非注册会计师实际控制等执业异常情况建立监管线索档案，适时启动监管程序。

（五）完善约谈制度

健全事中约谈制度，完善对象选取、约谈工作流程、回访程序等。持续开展上市公司年报审计期间监管，就可能存在的风险向相关事务所作出提示，并广泛宣传，发挥以点带面的风险提示作用。对受到实名投诉举报、执业情况实时监测中发现异常情况，且尚未出具业务报告的，适时开展约谈。

（六）深入开展上市公司年度审计情况分析

深入分析上市公司年报审计情况，全面反映年报审计工作的情况与问题。重点关注上市公司年报关键审计事项、公司持续经营能力、审计报告意见类型等公众关注的问题，以及收入、重大会计估计等重要审计领域，进行深入、系统分析。针对发现的共性问题和不良执业倾向，向行业发布有针对性的专业指导和风险提示意见。

三、提升年度执业质量检查工作质量

（七）全面实施"双随机、一公开"监管

坚持随机抽取检查对象、随机选派检查人员、抽查情况及检查处理结果及时向社会公开，做到全程留痕和可回溯管理。将随机抽取的比例频次、被抽查概率与事务所的信用水平、执业情况挂钩，对有不良信用记录、执业情况实时监测中

发现异常情况的事务所加大抽查力度。

（八）加大检查力度

优化监管思路，在考虑其他监管部门对事务所全面检查的基础上，实现对审计市场有重大影响的事务所3年一个周期的执业质量检查全覆盖。坚持系统风险导向执业质量检查，质量管理体系与项目质量并重，关注事务所质量管理体系设计和执行情况。

对首次承接证券服务业务的事务所加大检查力度。对被检查事务所业务量较大的合伙人从事的证券服务业务，加大抽选力度。

对以往年度执业质量存在严重问题的事务所开展执业质量检查回头看，实施执业质量复查，关注事务所对检查发现问题的整改落实情况，并将检查结果公开。

四、健全实名投诉举报和专案调查机制

（九）健全实名投诉举报机制

健全审计质量实名投诉举报机制，健全登记、核查、处理、督办、答复、统计和报告等程序，畅通投诉举报渠道，确保投诉举报受理工作保密，及时对投诉举报事项进行初步核实。探索建立审计质量"吹哨人"、内部举报人及奖励制度，强化社会监督。

（十）健全专案调查机制

对受到实名投诉举报、执业情况实时监测中发现异常情况，且已经出具业务报告的，适时启动质询工作。对发现重大执业违规或违法行为线索的，或影响公众利益的重大、紧急事项，适时开展专案调查。

五、加大惩戒威慑力度

（十一）完善惩戒申诉机制，加大惩戒力度

完善惩戒和申诉机制，修订会员执业违规行为惩戒办法，实行惩戒庭和申诉庭制度，提高行业外人士占比，强化独立性要求，完善听证及投票表决机制，优化工作流程，提高工作效率。

综合考量违规行为的性质、过错程度、危害后果等因素，视情节轻重合理运

用自律监管措施和惩戒措施。加大对事务所首席合伙人、审计业务主管合伙人、质量控制主管合伙人、审计业务项目合伙人等关键岗位人员的责任追究和惩戒力度。对存在执业违规行为，但尚不构成惩戒的，采取自律监管措施。

（十二）完善自律监管措施

制订完善自律监管措施和适用标准，增加强制培训、责令事务所内部问责等措施，与现有惩戒措施及移送制度等形成配套体系，丰富日常自律监管手段。

（十三）强化监管信息披露

通过行业管理系统，向社会公众全面披露与注册会计师及事务所专业胜任能力、执业质量、诚信水平、职业道德相关的各类信息，与事务所综合评价相衔接，引导市场有效选择事务所。加大对调查、自律监管措施和惩戒信息的披露力度，提高信息透明度。

六、充分发挥监管服务功能

（十四）加强对事务所从事证券服务业务的评估和辅导

制定从事证券服务业务会计师事务所自律公约，针对从事证券服务业务应当具备的专业资源、专业胜任能力和执业经验、质量管理体系、风险承受能力等，建立评估、辅导和信息公示制度，发挥行业自我管理、自我约束的优势。

完善事务所周期帮扶机制，对整改落实不到位的，强化帮扶力度。开展检查回访、专题研讨、分类培训、约谈沟通等，强令整改。

（十五）加强专业技术支持

利用执业质量检查和日常监管渠道，畅通网络沟通，更好发挥专业指导委员会作用，了解和解决事务所执业过程中遇到的专业问题和实际困难，切实强化协会服务会员功能。

系统梳理执业质量检查结果，总结提炼事务所质量管理体系共性缺陷，关注资本市场审计失败案例，实施根本原因分析，积极开展共性执业问题专题研讨和相关课题研究，为行业决策提供参考与支持，为事务所提升质量管理水平提供有效对策。

优化事务所审计培训班安排，扩大培训覆盖面，与联合监管、监管机构联席会议等机制相结合，提升培训班效率和效果。

七、形成协同监管合力

(十六) 建立和完善行业联合监管机制

落实财政部中注协和监督评价局的行业联合监管工作机制,充分发挥各自监管优势,解决重复监管问题,形成监管合力,提高监管效能。探索构建更多监管部门参与的联合监管机制,加强监管协同。

加强与行政机关监管联动,将检查发现的情节严重、性质恶劣的执业违规行为,可以移交行政机关。对检查发现的涉嫌违法违规线索移交行政机关,对于依法依规应移送公安机关、检察机关的案件,配合司法机关做好相关工作。

(十七) 推动建立监管部门联席会议沟通平台

会同证券监督管理等相关监管部门,建立重大监管问题协调沟通平台,统筹协调对事务所的监管行动,共同推动事务所完善质量管理体系。

与行政机关、司法机关等相关部门紧密合作,积极推动建立监管部门联席会议机制,定期召开会议,分享信息,交换意见,集中研究、解决资本市场和监管部门关心的实际问题,提高行业监管工作效能。

(十八) 构建行业信用监管体系

通过行业主管部门,加强与有关部门沟通协调,准确界定注册会计师行业信用信息边界。充分运用国务院"互联网+监管"系统以及"信用中国"网站等信息,建立事务所信用报告和信用档案,开展行业信用评价,推进信用监管,根据信用等级高低采取差异化的监管措施,与"双随机、一公开"监管有机结合。建立黑名单制度,推动与信用中国等网站对接,完善信用信息披露制度。

八、保障措施

(十九) 促进优化执业环境

加大《注册会计师法》《会计法》等与行业相关法律的修法研究,推动完善法律责任界定等的法律规定。

依照法律、法规和章程,及时反映行业诉求,推动相关部门落实《优化营商环境条例》,对于各类单位、组织破坏营商环境的做法,代表行业进行沟通,并提请相关部门予以关注和纠正。

规范事务所收费行为，遏制不正当低价竞争、恶性竞争等行为，督促和指导事务所完善业务项目成本管理，治理行业竞争环境，优化行业生态。

会同有关政府部门，协调推进解决事务所函证等程序执行中存在的问题。

（二十）加强监管队伍建设

立足实际完善监管队伍发展规划，强化协会监管人员培养，完善与监管工作特点相适应的人员考核机制，强化激励约束措施。提高专兼职监管队伍人员层次和整体素质，加大培训力度，强化工作质量考核，支持优秀检查人员参加各类评优评先、代表委员推荐及有关部门专家推荐，提升兼职监管队伍吸引力。

（二十一）提升行业监管数字化水平

改进和优化行业监管工作流程，探索建立舆情监控系统，开发执业质量检查软件，与行业管理信息系统整合，运用数字化手段提升行业监管工作实效。

（二十二）充分发挥地方协会作用

中注协和地方协会加强协同配合，提高行业监管工作效能。中注协领导事务所证券服务业务监管工作，视情况委托地方协会以交叉互查等方式对事务所证券服务业务进行监管，中注协负责汇总监管结果和惩戒处理工作。

经法律、行政法规规定的关系公众利益的其他特定业务的监管，参照上述规定执行。

附件 2

《关于加强从事证券服务业务会计师事务所执业质量自律监管的意见》的说明

新《证券法》于 2020 年 3 月 1 日起实施,对注册会计师行业产生深远的影响,相应对中注协履行"服务、监督、管理、协调"职能也提出更高要求。为推动事务所强化质量管理,提升执业质量,中注协制定了《关于加强从事证券服务业务会计师事务所执业质量自律监管的意见》(以下简称《意见》)。

一、《意见》出台的背景、起草原则和过程

注册会计师行业是党和国家监督体系的重要力量,对提高资本市场会计信息质量,维护资本市场正常秩序,保护投资者权益发挥着至关重要的作用。近年来,上市公司财务造假案件频发,审计质量问题备受各方关注。习近平总书记对行业工作作出系列重要批示指示,国务院金融改革委员会 4 月以来多次开会提出要加大财务造假打击力度。新《证券法》不再设证券服务业务门槛,大幅提升证券服务业务违法违规成本,分步实施股票公开发行注册制改革,对证券服务业务审计质量提出更高要求。为了做好新《证券法》的贯彻实施工作,中注协于 2 月制定了应对新《证券法》实施有关工作方案,提出制发关于加强从事证券服务业务事务所事中事后自律监管意见,丰富和完善自律监管措施,体现风险导向,加大惩戒处理和信息公开曝光力度,推动事务所提升审计质量。

《意见》起草遵循以下原则:一是落实"放管服"改革要求。国务院《关于加强和规范事中事后监管的指导意见》明确指出,要持续深化"放管服"改革,落实监管责任,健全监管规则,创新监管方式;要提升行业自治水平,形成市场自律、政府监管、社会监督互为支撑的协同监管格局。在放宽市场准入,取消证券服务业务资格行政审批的情况下,需要充分发挥行业协会作用,规范会员行为,加强自律管理,实现与政府监管有机协同。二是优化监管思路。适应新《证

券法》实施后行业面临的新形势，优化监管体制和流程。坚持管理与服务并重，强化风险预警和提示，帮助事务所完善质量管理体系，提高执业能力。提升行业监管数字化水平，推进信用监管，提升监管精准化水平。强化信息公开力度，稳定事务所预期。在强化自律监管同时，体现构建协同监管格局要求，建立行业联合监管和监管部门联席会议机制。

新《证券法》公布后，中注协立即着手研究备案制施行后事务所自律监管。借鉴国内外职业组织自律管理的成功经验，起草《意见（讨论稿）》，征求了有关专家和业内人士意见，经认真研究后，修订形成《意见（征求意见稿）》。公开征求意见共收到113条反馈意见，其中，对《意见》的修改意见55条，对后续落实《意见》相关措施的建议58条。经逐条研究，尽量吸纳合理的修改意见，对《意见（征求意见稿）》作出相应修改。

二、《意见》的主要内容

《意见》在7个方面提出20条措施，包括强化风险预警和提示、提升年度执业质量检查工作质量、健全实名投诉举报和专案调查机制、加大惩戒威慑力度、充分发挥监管服务功能、形成协同监管合力和保障措施。主要包括以下内容：

一是丰富监管手段。健全约谈和质询制度，分别作为事中风险提示和事后监管的手段之一。健全专案调查制度，适用于与行业密切相关，影响公众利益的重大、紧急事项，完善对投诉举报、媒体质疑等事项的处理机制。丰富和完善自律监管措施，增加强制培训、公开警示、责令事务所内部问责等措施，适用于尚不构成惩戒的执业违规行为，形成与惩戒措施和移送制度配套的自律监管手段体系。健全事务所执业异常情况监测机制，建立监管线索档案，适时启动约谈、质询、专案调查等监管程序，并与"双随机、一公开"监管衔接，提升监管效率。

二是加大监管力度。全面实施"双随机、一公开"监管，优化周期性检查安排，对首次承接证券服务业务的事务所、业务量较大的合伙人加大检查力度，突出监管重点。完善惩戒申诉机制，优化工作流程，加大对事务所首席合伙人、审计业务主管合伙人、质量控制主管合伙人、审计业务项目合伙人等关键岗位人员的责任追究力度。强化监管信息披露，加强对日常监管信息和惩戒处理信息的信息公开力度，提高信息透明度，提升惩戒威慑力度。

三是拓展监管功能。强化风险预警和提示，开展常态化诚信教育、实时监测事务所执业情况、完善约谈制度、深入开展上市公司年度审计情况分析，体现风险导向的监管思路。强化监管服务功能，制定自律公约，加强对事务所从事证券服务业务的评估和辅导，开展执业质量检查回头看，深化周期帮扶机制，加强专业技术支持，体现寓管于服，管理与服务并重的监管思路。完善联合监管机制，构建信用监管体系，推动建立涵盖联动监管、事中事后监管、信用监管在内的综合监管机制，形成行政性、市场性和行业性等惩戒措施多管齐下的失信联合惩戒格局。

三、有关意见和问题的说明

《意见》是对下一阶段行业自律监管工作的总体安排，将通过制定或修改相关监管制度予以落实。从反馈意见情况看，事务所执业情况监测、"双随机、一公开"监管、惩戒和申诉机制等方面受到较多关注。现就有关意见和问题作出说明：

一是事务所执业情况监测不同于证券服务业务备案管理。根据新《证券法》，事务所从事证券服务业务，应向证监会和财政部备案。中注协建立事务所执业情况监测机制，通过对公开信息进行大数据分析，识别异常情况，形成监管线索档案，突出事中事后监管工作重点，提高监管效率和效果。

二是周期性检查与"双随机、一公开"监管的关系。随机抽取检查对象要求合理确定抽查的比例和频次，既保证必要的抽查覆盖面和工作力度，又要防止检查过多和执法扰民。在考虑其他监管部门对事务所全面检查的基础上，实现对审计市场有重大影响的事务所3年一个周期的执业质量检查全覆盖，是实现上述目标的基础。

三是"双随机、一公开"监管与重点监管不存在矛盾。《国务院关于加强和规范事中事后监管的指导意见》（以下简称《国务院指导意见》）明确，要根据不同领域特点和风险程度，分别确定监管内容、方式和频次，提升事中事后监管精准化水平。将随机抽取的比例频次、被抽查概率与事务所的信用水平、执业情况挂钩，既是落实《国务院指导意见》精神的要求，也是与事务所执业情况监测等机制形成有效衔接，提高自律监管效率和效果的要求。

四是惩戒庭和申诉庭安排以及行业外人士占比。在现行惩戒委员会和申诉委员会工作机制下，召集会议难度较大，且不易聚焦问题，已不适应加强执业质量自律监管的需要。借鉴国内外注册会计师、律师行业处理处罚的普遍做法，实行惩戒（申诉）庭制度，压缩惩戒（申诉）庭的规模，强化问题聚焦，坚持案件审理专业化，提高工作效率，同时强化行业内外的沟通和理解。

上市公司2019年年报审计情况分析报告

自2011年以来,中注协根据《上市公司年报审计监管工作规程》要求,在年报审计期间密切跟踪上市公司年报审计情况和审计机构变更情况,编发分析报告。近期,中注协发布《关于加强从事证券服务业务会计师事务所执业质量自律监管的意见》(以下简称《自律监管意见》),要求深入分析上市公司年报审计情况,全面反映年报审计工作的情况与问题。

我们按照《自律监管意见》要求,以上市公司2019年年报审计快报和证券所业务变更报备信息为基础,对上市公司2019年度财务报表审计、内部控制审计以及审计市场情况进行了分析,重点关注上市公司年报关键审计事项、公司持续经营能力、审计报告意见类型等,形成本报告。

截至2020年9月30日,沪深两市共有3 813家上市公司披露了2019年年报,41家会计师事务所为上市公司出具了2019年度财务报表审计报告和内部控制审计报告。

一、财务报表审计报告分析

3 813家上市公司中,3 640家上市公司财务报表被出具无保留意见,173家上市公司被出具非无保留意见。3 640份无保留意见审计报告中,101份含有强调事项段或"与持续经营相关的重大不确定性"段(以下简称持续经营事项段)。

(一)非无保留意见总体情况

2019年度,173家上市公司被出具非无保留意见审计报告,占比4.5%。其中,保留意见审计报告126份,无法表示意见审计报告46份,否定意见审计报告1份。近三年,非无保留意见的数量和比例均呈现持续上升的趋势(见表1和图1)。

表1　　　　　　　　　2017—2019年度审计意见类型分布　　　　　　　　　单位：份

审计意见类型		2017年度	2018年度	2019年度
无保留意见		3 452	3 485	3 640
非无保留意见	保留意见	37	82	126
	无法表示意见	23	40	46
	否定意见			1
合计		3 512	3 607	3 813

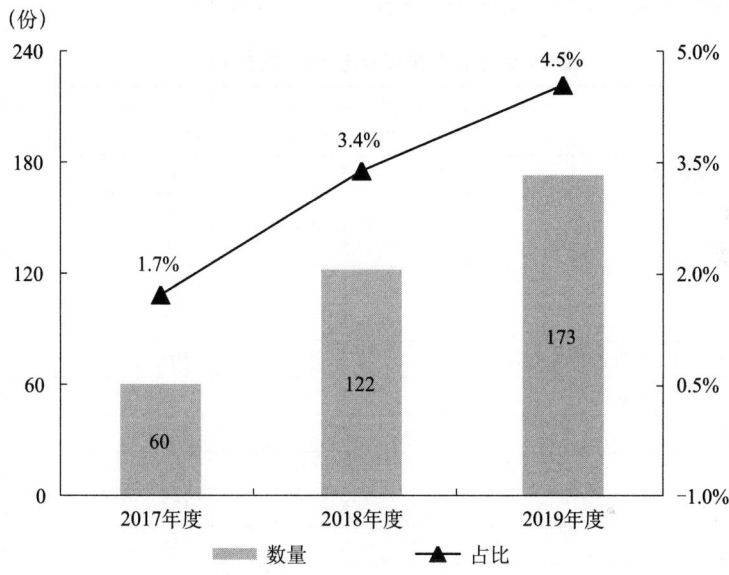

图1　2017—2019年度非无保留意见数量和占比

1. 不同上市板块非无保留意见分布

除科创板外，其他板块均有上市公司被出具非无保留意见，其中，中小企业板和深市主板上市公司非无保留意见比例较高，分别为6.7%和5.5%，高于总体非无保留意见比例（4.5%）（见表2）。

表2　　　　　　　　　2019年度非无保留意见的上市版块分布

项目	沪市主板	深市主板	中小企业板	创业板	科创板	合计
保留意见（份）	31	19	51	25		126
无法表示意见（份）	20	8	12	6		46
否定意见（份）	1					1
非无保留意见小计（份）	52	27	63	31	0	173
上市公司家数（家）	1 508	471	946	797	91	3 813
非无保留意见占比（%）	3.4	5.7	6.7	3.9	0	4.5

2. 不同行业非无保留意见分布

行业分布方面①,173家被出具非无保留意见的上市公司主要集中在制造业(104家)和信息传输、软件和信息技术服务业(21家)。农、林、牧、渔业上市公司被出具非无保留意见的比例最高,达到11.9%;信息传输、软件和信息技术服务业不仅非无保留意见数量较多,且占比为6.9%,高于总体水平(4.5%);制造业非无保留意见比例与总体水平基本持平(见表3)。

表3　　　　2019年度非无保留意见的公司行业分布

行业	非无保留意见数量（家）	上市公司数量（家）	非无保留意见占比（%）
农、林、牧、渔业	5	42	11.9
综合	2	19	10.5
文化、体育和娱乐业	5	58	8.6
卫生和社会工作	1	12	8.3
采矿业	6	77	7.8
信息传输、软件和信息技术服务业	21	303	6.9
水利、环境和公共设施管理业	3	58	5.2
批发和零售业	8	163	4.9
制造业	104	2 401	4.3
房地产业	5	124	4.0
租赁和商务服务业	2	56	3.6
金融业	4	116	3.4
电力、热力、燃气及水生产和供应业	4	112	3.6
交通运输、仓储和邮政业	2	105	1.9
建筑业	1	99	1.0
教育		8	0.0
居民服务、修理和其他服务业		1	0.0
科学研究和技术服务业		50	0.0
住宿和餐饮业		9	0.0
合计	173	3 813	4.5

（二）出具非无保留意见的主要原因

173份非无保留审计意见报告中"形成保留意见的基础""形成无法表示意见的基础""形成否定意见的基础"部分共涉及453个具体事项,平均每份报告

---

① 本报告使用证监会行业分类。

2.6 个。

1. 保留意见的审计报告

126 份保留意见审计报告中,"形成保留意见的基础"部分共涉及 263 个事项,平均每份报告 2.1 个。导致发表保留意见的事项主要涉及以下三个方面:

(1) 往来款项、长期资产等可收回性及坏账计提等,未能获取充分适当的审计证据,涉及 77 份审计报告;

(2) 对涉诉、担保、立案调查等或有事项及预计负债等,未能获取充分适当的审计证据,涉及 63 份审计报告;

(3) 注册会计师对上市公司关联方关系及其交易披露的真实性、完整性、准确性以及关联方往来款项的可收回性等,未能获取充分适当的审计证据,涉及 30 份审计报告。

具体可参见表 4。

表 4　　　　导致发表保留意见的事项分类统计表

涉及财务报告项目或事项	涉及保留意见审计报告份数(份)
往来款项、长期资产等可收回性及坏账计提无法判断	77
涉诉、担保、立案调查等或有事项及预计负债无法估计	63
关联方关系及其交易披露的真实性、完整性、准确性,关联方往来款项的可收回性等	30
资金往来及交易的商业合理性	12
持续经营能力存在重大不确定性,财务报表未充分披露	11
收入确认存疑	10
对预付账款无法获取充分、适当的审计证据	10
其他	50

2. 无法表示意见的审计报告

46 份无法表示意见审计报中,"形成无法表示意见的基础"部分共涉及 178 个事项,平均每份报告 3.9 个。导致发表无法表示意见的事项主要涉及以下三个方面:

(1) 对涉诉、担保、立案调查等或有事项及预计负债无法估计,涉及 45 份审计报告;

(2) 无法判断运用持续经营假设编制财务报表的恰当性,涉及 31 份审计报告;

(3) 无法判断往来款项可收回性及坏账准备计提的准确性，涉及 24 份审计报告。

具体可参见表 5。

表 5　　　　　　　导致发表无法表示意见的事项分类统计表

涉及财务报告项目或事项	涉及无法表示意见审计报告份数（份）
涉诉、担保、立案调查等或有事项及预计负债无法估计	45
运用持续经营假设编制财务报表的恰当性	31
往来款项的可收回性及坏账准备计提的准确性	24
商誉等长期资产资产减值损失计提的合理性、准确性以及披露的恰当性	10
关联方关系及其交易披露的真实性、完整性、准确性、款项的可收回性	9
存货的账面价值和存货跌价损失的准确性	8
内部控制的有效性	6

3. 否定意见的审计报告

中审亚太为沪市主板上市公司 *ST 富控（600634.SH）出具了否定意见审计报告，"形成否定意见的基础"部分涉及 12 个事项，包括预计负债转回、应付利息转回、持续经营能力、债权转让等。其中，对 *ST 富控转回预计负债 18.86 亿元、转回应付利息 11.06 亿元的事项，由于未与债权人达成确定的和解方案、相关买断协议尚未生效等原因，中审亚太认为相关会计处理不符合企业会计准则的要求。纠正上述错报后，*ST 富控归属母公司的所有者权益为 -22.41 亿元，因最近两个会计年度期末经审计净资产为负值，面临暂停上市的风险。

（三）带强调事项段或持续经营事项段的无保留意见分析

2019 年度，101 家上市公司被出具带强调事项段或持续经营事项段的无保留意见。其中，36 家上市公司审计报告中有强调事项段，52 家上市公司审计报告中有持续经营事项段，13 家上市公司审计报告中同时有强调事项段和持续经营事项段。

1. 带强调事项段的无保留意见审计报告

49 份带强调事项段的审计报告（含同时有持续经营事项段的审计报告）共涉及 52 个事项，主要涉及证监会立案调查或行政处罚、未决诉讼、关联方资金占用和破产重整等事项（见表 6）。

表6　　　　　　　　　　强调事项分类统计表

强调事项	相关审计报告份数（份）
证监会立案调查或行政处罚	11
未决诉讼	9
关联方资金占用	7
破产重整	5
其他	17

2. 带持续经营事项段的无保留意见审计报告

65家上市公司被出具带持续经营事项段的无保留意见（其中，13家同时有强调事项段），表明注册会计师认为管理层运用持续经营假设是适当的，但存在重大不确定性，且财务报表对重大不确定性已作出充分披露。对持续经营问题的专项分析见本报告专项分析部分。

（四）专项分析

1. 上市公司持续经营问题

2019年度，154家上市公司审计报告中含有持续经营相关内容，占比4%。其中，111家的审计报告中含持续经营事项段（其中，65家为无保留意见，46家因其他事项被出具了保留意见或无法表示意见），11家因持续经营问题被出具保留意见，31家因持续经营问题被出具无法表示意见，1家因持续经营问题被出具否定意见（见表7）。上市公司经营困难和短期偿债压力较大是导致持续经营能力存在重大不确定性的主要原因，典型表现包括净利润和未分配利润为负、流动资产小于流动负债、存在逾期借款等。

表7　　　　　　　　含持续经营相关内容的审计报告情况

持续经营问题在审计报告中披露形式	审计意见类型	上市公司家数（家）
持续经营事项段	无保留意见	65
	保留意见	44
	无法表示意见	2
形成保留意见的基础	保留意见	11
形成无法表示意见的基础	无法表示意见	31
形成否定意见的基础	否定意见	1

从行业分布看，154家上市公司分布在15个行业。86家制造业上市公司有持续经营问题，数量最多，但占比为3.6%，低于4%的总体水平。从占比看，租赁和商务服务业上市公司存在持续经营问题的比例最高（见表8）。

表 8　　含持续经营事项的上市公司行业分布

行业分类	含持续经营事项的公司家数（家）	行业内公司家数（家）	占比（%）
租赁和商务服务业	6	56	10.7
文化、体育和娱乐业	5	58	8.6
卫生和社会工作	1	12	8.3
农、林、牧、渔业	3	42	7.1
房地产业	8	124	6.5
批发和零售业	10	163	6.1
信息传输、软件和信息技术服务业	18	303	5.9
电力、热力、燃气及水生产和供应业	6	112	5.4
综合	1	19	5.3
制造业	86	2 401	3.6
交通运输、仓储和邮政业	3	105	2.9
金融业	3	116	2.6
建筑业	2	99	2.0
水利、环境和公共设施管理业	1	58	1.7
采矿业	1	77	1.3
教育	0	8	0
居民服务、修理和其他服务业	0	1	0
科学研究和技术服务业	0	50	0
住宿和餐饮业	0	9	0
合计	154	3 813	4.0

经审阅相关上市公司年报和审计报告，部分注册会计师有未严格按照执业准则的规定发表审计意见之嫌，具体表现为：

（1）《中国注册会计师审计准则第 1324 号——持续经营》（以下简称 1324 号准则）规定，如果运用持续经营假设是适当的，但存在重大不确定性，且财务报表对重大不确定性已作出充分披露，注册会计师应当发表无保留意见，并在审计报告中增加以"与持续经营相关的重大不确定性"为标题的单独部分。部分审计报告未严格执行准则规定，用"强调事项"为标题，提示与持续经营相关的重大不确定性。

（2）1324 号准则第二十一条规定，如果运用持续经营假设是适当的，但存在重大不确定性，且财务报表对重大不确定性已作出充分披露，注册会计师应当发表无保留意见加持续经营事项段，并说明该事项并不影响发表的审计意见。某上市公司因持续经营问题被出具保留意见,审计报告中同时含有持续经营事项段,并且表述为"该事项已影响本报告发表保留意见",注册会计师未恰当使用持续经营事项段,有违反 1324 号准则要求之嫌。

(3) 根据 1324 号准则,发表保留意见适用于"运用持续经营假设是适当的,但存在重大不确定性,且财务报表对重大不确定性未作出充分披露"的情形。部分保留意见审计报告中使用了"虽然贵公司已在财务报表附注二、2. 中充分披露了拟采取的改善措施,但我们无法取得与评估持续经营能力相关的充分、适当的审计证据""公司采取了改善措施,但仍存在我们对其持续经营能力不确定性的疑虑""我们仍无法取得与评估持续经营能力相关的充分、适当的审计证据,以消除我们对公司持续经营能力存在重大不确定性的疑虑"等表述,与 1324 号准则规定的发表保留意见的基础不符,未能明确表达注册会计师对持续经营事项的态度。在注册会计师无法判断运用持续经营假设编制财务报表是否恰当的情况下,发表保留意见的恰当性存疑。

2. 2019 年度审计报告关键审计事项

2019 年度,3 765 家上市公司披露了 7 648 个关键审计事项,平均每家上市公司披露 2.03 个。48 家上市公司未披露关键审计事项,其中 46 家被出具无法表示意见审计报告,按照《中国注册会计师审计准则第 1502 号——在审计报告中发表非无保留意见》(以下简称 1 502 号准则) 规定不得包含关键审计事项;1 家(国联水产)被出具保留意见[①];1 家(*ST 富控)被出具否定意见,除形成审计意见的基础部分所描述的事项外,注册会计师确定不存在其他需要在审计报告中沟通的关键审计事项。

2017—2018 年度,分别有 3 759 家、3 776 家上市公司披露了 7 789 个、7 865 个关键审计事项,平均关键审计事项数量分别为 2.07 个、2.08 个。关键审计事项集中于收入确认、应收款项、商誉和存货等高风险审计领域,2017—2019 年度,相关关键审计事项数量分别为 5 616 个、5 820 个和 5 762 个,合计占比均超过 70%,并且呈逐年上升的趋势,审计报告信息含量稳步增加(见表 9)。

---

① 国联水产 2019 年度审计报告中形成保留意见的基础包括:(1) 无法对与融资性质贸易相关的存货以及原料采购交易的真实性和资金往来获取充分、适当的审计证据;(2) 无法就存货跌价准备的合理性获取充分、适当的审计证据。

表9 关键审计事项主要分布领域　　　　　　　　　　　　　　单位：个

项目	2017年度	2018年度	2019年度
收入	2 575	2 628	2 708
应收款项	1 391	1 367	1 313
商誉	850	1 047	988
存货	800	778	753
小计	5 616	5 820	5 762
当年合计	7 789	7 865	7 648
占比	72%	74%	75%

从数量分布看，超过97%的上市公司在2017—2019年度披露了1—3个关键事项，其中披露2个关键审计事项的上市公司数量最多。2017—2019年度，披露5个及以上关键审计事项的上市公司数量分别为15个、8个和10个，占比不足0.5%。涉及的30家上市公司[①]主要集中在制造业（19个）和金融业（5个），其中披露6个关键审计事项的4家均为制造业上市公司，分别是中联重科、ST柳化、金杯汽车、拉夏贝尔。

表10 上市公司披露关键审计事项数量分布　　　　　　　　　　单位：家

关键审计事项数量	披露关键审计事项的上市公司家数		
	2017年度	2018年度	2019年度
1	592	578	663
2	2 419	2 423	2 406
3	651	667	622
4	82	100	64
5	12	8	9
6	3	0	1
合计	3 759	3 776	3 765

从审计意见类型看，3 640家被出具无保留意见的上市公司共披露7 407个关键审计事项，平均每家2.03个；126家（国联水产无关键审计事项）被出具保留意见的上市公司共披露241个关键审计事项，平均每家1.93个。无保留意见中，101家带强调事项段或持续经营事项段的上市公司共披露210个关键审计事项，

---

① 有3家上市公司连续两年披露5个及以上关键审计事项。

平均每家 2.08 个。总的来看，上市公司关键审计事项数量较为稳定，约 94% 的上市公司三年间关键审计事项数量变动在 1 个以内。但也有个别上市公司关键审计事项数量变动较大，5 家上市公司三年间关键审计事项数量累计变动在 4 个及以上，具体情况如表 11 至表 15 所示。在注册会计师按照执业准则要求确定关键审计事项的前提下，关键审计事项的数量变动是上市公司经营情况和财务状况变动的重要体现。

（1）600423.SH，ST 柳化，所属行业：制造业

表 11

	2017 年度	2018 年度	2019 年度
审计机构	大信		
审计意见类型	带强调事项段或持续经营事项段的无保留意见		
事项段内容	与持续经营相关的重大不确定性		
关键审计事项数量	6	2	2
关键审计事项内容	湖南中成终止经营	债务重组	资产处置收益
	政府补助	固定资产减值	收入确认
	固定资产及在建工程减值		
	其他应收款减值		
	预计负债		
	可供出售金融资产减值		

（2）002418.SZ，*ST 康盛，所属行业：制造业

表 12

	2017 年度	2018 年度	2019 年度
审计机构	立信中联		
审计意见类型	无保留意见		
关键审计事项数量	5	2	1
关键审计事项内容	应收账款的坏账准备	应收账款的坏账准备	应收账款的坏账准备
	收入确认	重大收购和处置子公司的会计处理	
	长期应收款的减值准备		
	存货跌价准备		
	商誉减值		

(3) 000982.SZ，*ST中绒，所属行业：制造业

表13

	2017年度	2018年度	2019年度
审计机构		立信	
审计意见类型	保留意见	保留意见	带强调事项段的无保留意见
事项段内容	应收宁夏至合置业有限公司货款坏账准备计提、年末大额预付款项已超过约定的交货期限	应收款项事项、存货事项、出口退税事项、持续经营事项	破产重整涉及的相关交接资产权属与股权变更时间受到新冠肺炎疫情的影响
关键审计事项数量	5	2	1
关键审计事项内容	收入确认	固定资产减值	破产重整
	债务重组	商誉减值	
	经营性财政补贴		
	应收账款的可收回性		
	存货跌价准备计提		

(4) 600609.SH，金杯汽车，所属行业：制造业

表14

	2017年度	2018年度	2019年度
审计机构		众华	
审计意见类型		无保留意见	
关键审计事项数量	6	4	2
关键审计事项内容	收入确认	收入确认	处置子公司
	应收款项的坏账准备	应收款项的坏账准备	应收款项的坏账准备
	债务重组收益	拆分业务的会计处理	
	存货跌价准备	存货跌价准备	
	商誉减值		
	政府补助		

(5) 603157.SH，*ST拉夏，所属行业：制造业

表15

	2017年度	2018年度	2019年度
审计机构	普华永道中天	普华永道中天	安永华明
审计意见类型	标准无保留意见	标准无保留意见	保留意见
事项段内容			无法对子公司资产负债获取充分、适当的审计证据，无法确定子公司担保或负债义务的完整性

续表

	2017 年度	2018 年度	2019 年度
关键审计事项数量	1	1	6
关键审计事项内容	库存商品可变现净值的确定	库存商品可变现净值的确定	新租赁准则的应用
			存货跌价准备
			长期待摊费用减值
			商誉减值准备
			递延所得税资产
			应收账款的坏账准备

3. 上市公司 2019 年度资产减值情况

2019 年度，3 813 家上市公司共实现利润总额 51 611 亿元，计提资产减值损失 6 492 亿元，资产减值损失对利润总额的影响①为 11.2%。其中，商誉减值损失 1 630 亿元，存货跌价损失 1 222 亿元，固定资产、在建工程、长期股权投资等长期资产减值损失 1 225 亿元，无形资产减值损失 152 亿元。

（1）商誉减值损失

23 家上市公司因商誉减值事项被出具非无保留意见，其中，保留意见 15 家，无法表示意见 8 家。23 家上市公司均是由于注册会计师无法就商誉减值金额获取充分适当的审计证据而被出具非无保留意见，根据 1502 号准则，在这种情况下注册会计师应当在形成审计意见的基础部分说明无法获取审计证据的原因，但近半数（11 家）审计报告未见结合上市公司的具体情况或审计程序的执行情况，说明无法获取审计证据的原因。此外，2 家上市公司审计报告形成无法表示意见的基础部分未量化商誉减值的财务影响。

988 家上市公司审计报告中含有与商誉减值相关的关键审计事项，涉及商誉减值损失金额约 1 307 亿元。《中国注册会计师审计准则第 1504 号——在审计报告中沟通关键审计事项》规定，如果某些事项导致注册会计师应当发表非无保留意见，注册会计师不得在审计报告的关键审计事项部分沟通这些事项。审阅上市公司审计报告发现，1 家上市公司因商誉减值事项被出具保留意见，注册会计师同时在关键审计事项中沟通了这一事项，并且保留意见和关键审计事项涉及的是同一笔交易形成的商誉。

---

① 资产减值损失对利润总额的影响以"资产减值损失／（利润总额＋资产减值损失）"衡量。

(2) 存货跌价损失

18家上市公司因计提存货跌价准备事项被出具非无保留意见,其中,保留意见12家,无法表示意见6家。在形成非无保留意见的基础部分,部分上市公司审计报告同样存在未说明无法获取审计证据的原因等问题。

752家上市公司审计报告中含有与存货跌价准备计提相关的关键审计事项,涉及存货跌价损失金额约563亿元。

4. 新冠肺炎疫情影响和延期披露年报情况

2020年的新冠肺炎疫情给注册会计师开展审计工作带来了困难,也给部分上市公司的经营造成了不利影响。23家上市公司2019年度审计报告提及了新冠肺炎疫情的影响[①],其中,6家提示了新冠肺炎疫情对上市公司经营业绩或股权交易事项的不利影响,在强调事项段或持续经营事项段中体现;18家上市公司[②]因注册会计师无法对境外组成部分实施存货监盘等必要的审计程序、公司未复工无法配合审计工作等原因,导致审计范围受限,被出具保留意见或无法表示意见。

受新冠肺炎疫情影响,沪深交易所允许符合规定的上市公司延期至2020年6月30日前披露2019年年报。123家上市公司在5月1日后披露年报,在3 813家中占比3.2%,其中,41家被出具保留意见,占比33.3%;28家被出具无法表示意见,占比22.8%;1家被出具否定意见,占比0.8%。合计56.9%的延期披露年报的上市公司被出具非无保留意见,远高于总体非无保留意见比例(4.5%)。此外,有7家上市公司被出具带强调事项段或持续经营事项段的无保留意见。延期披露年报的上市公司中,9家审计报告中提及了新冠肺炎疫情的影响。

总体来看,非无保留意见的审计报告数量和比例呈上升趋势,反映注册会计师敢于说不,如实反映审计过程的重大疑虑。对关键审计事项和持续经营相关事项的披露,为投资者提供了增量信息,增加审计报告的沟通价值。同时,上市公司审计报告仍然存在部分存疑事项。

二、内部控制审计报告分析

截至2020年9月,沪深两市共有1 985家上市公司披露了2019年度内部控

[①] 指在强调事项段、持续经营事项段或形成非无保留意见的基础部分提及新冠肺炎疫情影响的上市公司数量。

[②] 其中1家上市公司审计报告同时在强调事项段中提示了新冠肺炎疫情对业绩的不利影响。

制审计报告,在所有上市公司中占比 52.20%。上述 1 985 家上市公司中,有 1 955 家的财务报表审计机构和内部控制审计机构相同。

(一) 内部控制审计报告意见类型

1 985 份内部控制审计报告中,无保留意见 1 915 份,其中,43 份带有强调事项段;非无保留意见 70 份,其中,否定意见 68 份,无法表示意见 2 份。非无保留意见占比为 3.5%。近三年,内部控制非无保留意见的数量和比例均呈现持续上升的趋势(见表 16 和图 2)。

表 16　　2017—2019 年度内部控制审计意见类型分布　　　　　　单位:份

审计意见类型		2017 年度	2018 年度	2019 年度
无保留意见		1 730	1 889	1 915
非无保留意见	无法表示意见	0	0	2
	否定意见	37	53	68
合计		1 767	1 942	1 985

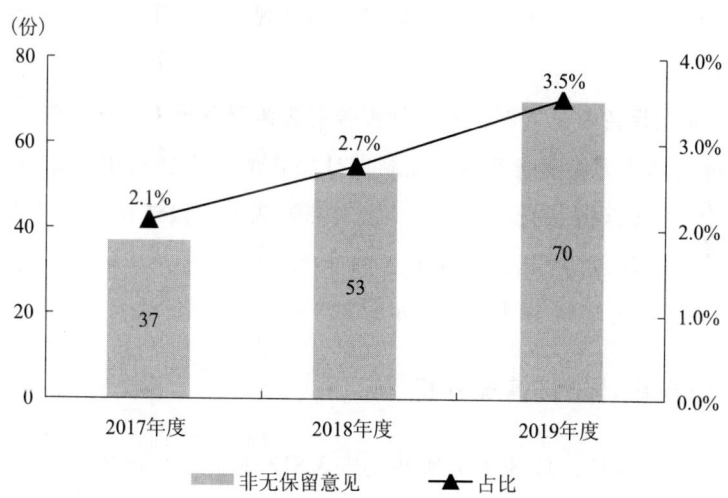

图 2　2017—2019 年度内部控制非无保留意见数量和占比

(二) 非无保留意见内部控制审计报告披露的主要事项

70 份非无保留内部控制审计报告中,21 份涉及关联交易或关联方资金占用相关问题,18 份涉及对外投资、担保相关问题,7 份涉及往来款或其他资产减值相关问题,5 份涉及未及时披露企业信息相关问题。

在否定意见内部控制审计报告披露的主要事项中,以下几种情形具有代表性:

(1) 为控股股东和关联方担保。例如某公司导致否定意见的事项为,"公司未能执行《关联方资金往来管理制度》的相关规定,在未经董事会、股东大会审议的情况下,截至 2019 年 12 月 31 日,向控股股东及关联方提供借款余额 16 亿元,也未能按照《信息披露管理制度》的有关要求,及时披露该违规资金占用事项,与上述事项相关的财务报告内部控制运行失效"。

(2) 关联方资金占用可回收性。例如某公司导致否定意见的事项为,"截至 2019 年 12 月 31 日,控股股东及其关联方占用公司非经营性资金余额 5.75 亿元 (2018 年 12 月 31 日余额为 23.51 亿元)。公司未能遵守《防止控股股东及关联方资金占用制度》和《应收账款管理办法》等相关制度,未能及时识别及披露上述关联方资金占用或关联方交易,表明公司的实际控制人凌驾于内部控制之上导致公司在财务报告内部控制方面存在重大缺陷"。

(3) 对重要子公司失去控制。例如某公司导致否定意见的事项为,"公司对其控股子公司失去控制,导致其财务报表未纳入合并财务报表范围,公司 2019 年度财务报表所反映的经营成果未包含对子公司的投资损益,导致相关的财务报告内部控制执行失效"。

(三) 非无保留意见内部控制审计报告对应的财务报表审计报告

70 家被出具非无保留意见内部控制审计报告的上市公司中,有 10 家的财务报表审计报告为无保留意见(其中,6 家为带强调事项段或持续经营事项段的无保留意见);60 家的财务报表审计报告为非无保留意见,其中,32 家为保留意见,1 家为否定意见,27 家为无法表示意见。

三、年报审计市场情况分析

截至 2020 年 9 月,41 家事务所共完成 3 813 家上市公司的 2019 年度财务报表审计业务和 1 985 家上市公司的 2019 年度内部控制审计业务,分别较 2018 年度增长 5.7% 和 2.4%。随着上市公司数量增加,上市公司年报审计市场规模进一步扩大。

(一) 上市公司财务报表审计业务继续集中于大型事务所

承接上市公司 2019 年度财务报表审计业务数量最多的 10 家事务所(其中,1 家为"国际四大"中国成员所),共为 2 609 家公司出具了审计报告,占上市公司总数的 68.4%;平均每家事务所财务报表审计业务数量为 261 家,高于总体水平(平均每家事务所 93 家)。2011—2019 年度,上市公司年报审计业务最多的 10 家事务所的客户数量和比重总体呈上升趋势(见图 3)。

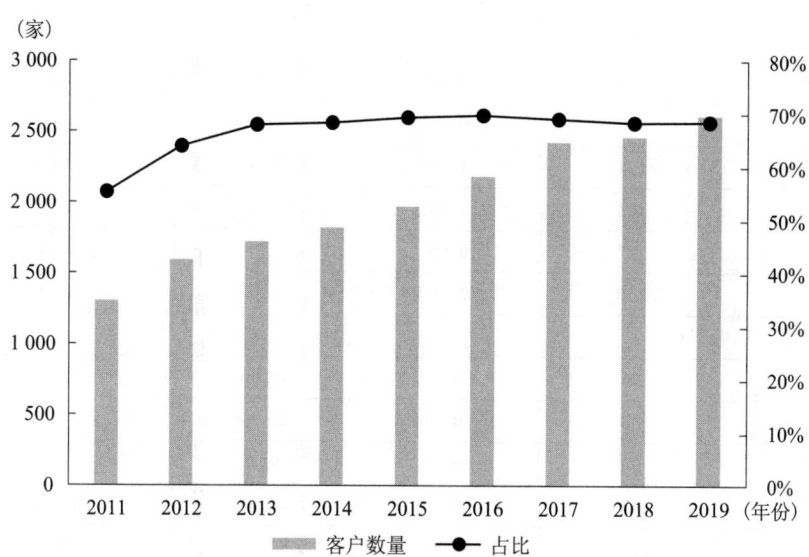

图 3　财务报表审计业务客户最多的 10 家事务所客户数量

"国际四大"中国成员所的上市公司审计客户数量为 282 家,占比 7.4%。282 家上市公司的收入、利润总额和资产在全部上市公司中占比分别约为 54%、71% 和 84%。

国内八大①的上市公司审计客户数量为 2 356 家,占比 61.8%。2 356 家上市公司的收入、利润总额和资产在全部上市公司中占比分别约为 33%、22% 和 12%。

具体参见表 17。

表 17　　　　　　　　　　上市公司客户数量分布

事务所名称	上市公司客户数量(家)	客户资产总额占比(%)	客户营业总收入占比(%)	客户利润总额占比(%)
国内八大:				
立信	563	3.06	6.83	5.65
天健	462	1.93	5.67	3.89

---

① 指在《2019 年度综合评价前 100 家会计师事务所信息(公示稿)》中,除"国际四大"中国成员所外排名前 8 的事务所。

续表

事务所名称	上市公司客户数量（家）	客户资产总额占比（%）	客户营业总收入占比（%）	客户利润总额占比（%）
大华	313	1.17	3.38	1.61
信永中和	298	2.09	5.12	3.81
容诚	206	0.73	3.79	1.85
致同	194	1.23	3.19	2.02
大信	163	1.03	2.52	0.26
天职国际	157	0.95	2.51	2.62
小计	2 356	12.19	33.02	21.71
"国际四大"中国成员所：				
安永华明	94	25.42	10.96	18.76
普华永道中天	88	30.52	22.90	24.48
德勤华永	56	6.90	9.29	9.57
毕马威华振	44	20.70	11.13	18.65
小计	282	83.54	54.27	71.46

在沪深300指数中，120家是"国际四大"中国成员所的审计客户，占比40%；131家是国内八大的审计客户，占比43.7%。上述251家上市公司审计收费合计23.63亿元，在沪深300上市公司审计收费（24.74亿元）中占比96%，在全部上市公司审计收费（65亿元）中占比36%。

在中证500指数中，63家是"国际四大"中国成员所的审计客户，占比12.6%；327家是国内八大的审计客户，占比65.4%。上述390家上市公司审计收费合计7.8亿元，在中证500上市公司审计收费（9.4亿元）中占比83%，在全部上市公司审计收费（65亿元）中占比12%。

（二）事务所之间的年报审计客户行业分布存在差异

"国际四大"中国成员所审计客户主要集中在金融业和制造业，在金融业的市场占有率为48%，在制造业的市场占有率不足5%。其他事务所审计客户主要集中在制造业，信息传输、软件和信息技术服务业，农、林、牧、渔业等，其市场占有率均超过95%。

（三）上市公司财务报表审计收费

2019年度，3 813家上市公司支付财务报表审计费用合计约65亿元，平均每家上市公司支付171万元，较2018年度的164万元上升4.3%。

"国际四大"中国成员所的审计收费在全部事务所中占比37%，户均收费863万元。国内八大的审计收费在全部事务所中占比43%，户均收费120万元。

2019年度，45家上市公司审计费用超过1 000万元，其中，40家为"国际四大"中国成员所客户，5家为国内八大客户。在不同财务报表审计收费水平下，"国际四大"中国成员所、国内八大与其他事务所的客户占有量存在明显差别（见图4）。

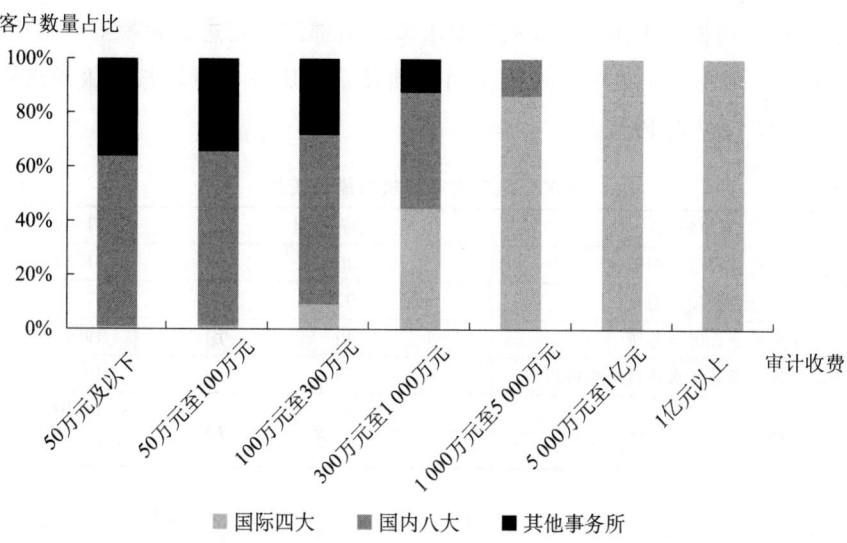

图4 "国际四大"中国成员所、国内八大与其他事务所客户审计收费比较

（四）审计机构变更情况分析

在披露2019年年报的3 813家上市公司中，有716家变更了年报审计机构，占全部上市公司的19%，变更审计机构的上市公司数量和比例都较2018年度（298家，比例为8.27%）大幅增加。

716家变更审计机构的上市公司中，198家变更前后的审计机构均为前十二大所（"国际四大"中国成员所和国内八大），291家由其他事务所变更为前十二大所，73家由前十二大所变更为其他事务所，154家变更前后的审计机构均为其他事务所（见表18）。

表18　　　　　　　　　　上市公司客户流向

上市公司客户流向	上市公司数量（家）	占比（%）
国内十二大内部变动	198	27.65
流向国内十二大	291	40.64
由国内十二大流出	73	10.20
其他事务所内部变动	154	21.51
合计	716	100

事务所报备了703家上市公司的年报审计业务变更信息，变更事务所的原因主要包括：前任服务年限较长、前任事务所聘期已满、原审计团队变更会计师事务所、上市公司根据集团、控股股东要求或政府部门规定进行轮换等。其中，有220家上市公司变更年报审计机构是由于前任审计服务年限较长或服务期限满，占比31.29%（见表19）。

表19　　　　　　　　上市公司变更审计机构原因统计

变更原因	上市公司数量	比例（%）
审计服务年限较长或服务期限满	220	31.29
上市公司经营与业务发展需要	192	27.31
原审计团队变更会计师事务所	140	19.92
由于集团、控股股东要求或政府轮换规定	73	10.38
其他	78	11.10
合计	703	100

2019年度，变更年报审计机构的716家上市公司中，58家被出具非无保留意见，其中，18家被出具无法表示意见，39家被出具保留意见，1家被出具否定意见。变更审计机构的上市公司被出具非无保留意见的比例为8%，高于整体水平（4.5%）。2010—2018年度，变更年报审计机构的上市公司数量分别为111家、307家、499家、431家、164家、226家、230家、224家和298家，被出具非无保留意见的数量分别为20家、23家、24家、23家、16家、17家、10家和23家，非无保留意见审计报告比例分别为18.02%、7.49%、4.81%、5.34%、9.76%、7.52%、2.61%、4.46%和7.71%，均超过当年上市公司的整体非标准审计报告比例或非无保留意见审计报告比例。

总体来看，审计市场日趋向大型事务所集中，资本市场对于优质会计师事务所逐步认可。

后　记

截至目前，审计案例前四辑已陆续出版，为注册会计师继续教育和审计实务学习提供了重要参考和指引。

本辑审计案例（第五辑）由中注协依据近年开展从事证券服务业务会计师事务所执业质量检查工作积累的相关材料开发而成，开发目的主要在于，有针对性地解答注册会计师在执业过程中遇到的难点和疑惑。

参加近年从事证券服务业务会计师事务所执业质量检查的各位检查人员，在案例资料的搜集、整理以及案例初稿的编写方面做了大量基础性工作。中注协在检查组案例初稿的基础上，多次组织有关专家反复论证、修改和完善，确保案例选题的针对性、结构的合理性以及内容的科学性。

中注协舒惠好秘书长和梁立群副书记对本辑案例的编撰工作给予了悉心指导。普华永道中天会计师事务所合伙人蒋颂祎、陈燕宇负责整个案例集的编写工作，高级经理董欣、金雯、秦洁参与案例的分析和编写，中注协业务监管部殷德全、齐飞、赵彦、程宇冉、周萍、赵洛萍、杨启明、虞凤贤、张馨艺、李光辉、郑露露等参加了案例集的修改和出版工作。中国财政经济出版社提供了优质服务。

下一步，中注协将紧密结合会计师事务所执业质量检查制度改革的具体要求，继续推进审计案例的开发、编写工作，为注册会计师继续教育以及审计学等教学提供更为丰富和鲜活的实务案例。同时,希望广大注册会计师和专家学者继续大力支持审计案例开发工作,不断提出宝贵意见和建议,推动审计案例开发工作不断完善、提高。

中国注册会计师协会

2020 年 12 月